Erik van Slooten und Elke Jurasszovich

Klassische Prognosemethoden

Standardwerke der Astrologie

Erik van Slooten und Elke Jurasszovich

Klassische Prognosemethoden

Profektionen – Firdaria – Saturnrückkehr – Stundenastrologie

CHIRON VERLAG

ISBN 978- 89997-278-8

Umschlag: Judith Hamann, Tübingen
Foto © shutterstock
Druck: SDL, Berlin

Zu beziehen über:
Chiron Verlag, Postfach 1250, D-72002 Tübingen
www.astronova.com

Inhalt

Zum Geleit

Die Klassische Astrologie beherrschte Europa etwa zwei Millennien: vom 4. Jahrhundert vor Christus bis ins 17. Jahrhundert. Diese Astrologie zeichnete sich vor allem durch konkrete Ereignisvorhersagen aus. Ab dem 17. Jahrhundert verschwand die Astrologie unter Einfluss der Aufklärung fast völlig von der Bildfläche und wurde erst Ende des 19. Jahrhunderts in England neubelebt, und zwar vor allem von Alan Leo (eigentlich William Frederick Allan). Er wird oft der »Vater der modernen Astrologie« genannt, weil er der Astrologie nicht nur wieder mehr Beachtung schenkte, sondern auch »psychologisiert«. Er tat dies vor allem, weil in England *fortune-telling*, also die Vorhersage konkreter Ereignisse, verboten war. Astrologie unterlag damals in England noch dem »Hexerei«-Paragrafen und tatsächlich bekam Leo einmal wegen *fortune-telling* eine Geldstrafe!

Alan Leo trug maßgeblich zu der Wiederbelebung der Astrologie in der Welt bei. Er schrieb mehr als 30 Bücher, die zum Teil bis heute als Standardwerke des Faches gelten. Weltweit blüht die psychologische Astrologie noch immer, obwohl seit den 80er-Jahren des 20. Jahrhunderts die Klassische Astrologie dabei ist, ein glanzvolles Comeback zu erleben.

Ich denke dabei zum Beispiel an das amerikanische Projekt *Hindsight,* das sich zum Ziel gesetzt hatte, alte Texte aus der klassischen (insbesondere hellenistischen) und mittelalterlichen Astrologie, aufzuspüren, sie ins Englische zu übersetzen und zu interpretieren – und zwar unter Einbeziehung arabischer Quellen. Oder an Deborah Houlding, die mit ihrem Project *Ascella* englische Klassiker wieder zugänglich gemacht hat.

Das vorliegende Buch behandelt vier Klassische Prognosemethoden, die zum Teil völlig in Vergessenheit geraten sind: die *Profektionen,* die *Firdaria,* die *Saturnrückkehr* und die *stundenastrologische*

Prognose. Die ersten drei Methoden basieren vor allem auf dem Geburtshoroskop, während man für die letzte Methode das Geburtshoroskop (meistens) nicht braucht.

Mit Dankbarkeit erwähne ich hier meine Kollegin Elke Jurasszovich, insbesondere Spezialistin für die Profektionen. Sie hat für dieses Buch einige interessante Profektionsbeispiele beigesteuert und das ganze Manuskript sorgfältig auf Fehler und Unvollkommenheiten geprüft.

Neubiberg, Mai 2020
Erik van Slooten

Profektionen

Eine beliebte und einfache Zeitherrschertechnik

Die verbreitetste Zeitherrschertechnik aus der Hellenistischen Tradition ist allgemein bekannt als »Jahres-Profektion« oder einfach als »Profektion«. Das Wort stammt aus dem Lateinischen: *profectio* = Aufbruch oder Abreise. Logisch, denn mit dieser Methode macht man eine Reise durch den Tierkreis, die im Zeichen des Aszendenten beginnt. Bei dieser Methode wird einfach ein Signifikator durch die Zeichen des Zodiaks dirigiert. Bei der Jahres-Profektion heißt der Schlüssel: Ein Zeichen ist gleich ein Jahr.

Erwähnung und Anwendung fand dieses System bei Dorotheus von Sidon, Marcus Manilius, Claudius Ptolemäus, Vettius Valens, Firmicus Maternus, Paulus Alexandrinus, und Hephaistio von Theben. Doch leider ging diese Methode während der letzten 2000 Jahre nahezu verloren. Nur in Indien blieben sie erhalten unter der Bezeichnung *Dasha-Systeme.*

Dass wir die Profektionen heute in einer zeitgemäßen Art studieren können, haben wir zudem der Forschungs- und Übersetzungsarbeit des *Project Hindsight* zu verdanken. Der inzwischen leider verstorbene Astrologe Robert Schmidt hatte viele astrologische Werke aus der Zeit des Hellenismus aus dem Altgriechischen ins Englische übersetzt.

Vettius Valens

Unsere wichtigste Quelle zum Studium und zur Anwendung der Profektionen ist der im 2. Jh. n. Chr. lebende Astrologe Vettius Valens, ein Zeitgenosse des Kaisers Marc Aurel. Er stammte aus Antiochia, ließ sich schließlich in Alexandria nieder und hinterließ uns ein 9-bändiges Lehrwerk, in dem er die gesammelten Methoden zur

Anwendung der Astrologie der damaligen Zeit (*Anthologie*) genau beschrieb. Die von ihm datierten Horoskope (über 100 Beispiele) stammen aus der Zeit von 152 bis 162 nach Chr. Er hat sie in jahrelanger Forschung zusammengetragen. In den Bänden 4, 5, und 6 seiner Anthologie finden wir ausführliche Beschreibungen samt Beispielen zu Funktion und Deutung der Profektionstechnik. Vettius Valens war Stoiker, das heißt er war überzeugt, dass alles im Leben vom Schicksal determiniert ist und man nicht eingreifen könne.

Basis-Regel der Zeitherrscher-Methoden

Eine wichtige Grundannahme der Zeitherrscher-Methoden besteht darin, dass nie alle Horoskop-Faktoren im Horoskop eines Menschen gleichzeitig aktiv sein können. Sie ruhen sozusagen während des Lebenslaufes, bis sie von sogenannten Zeitherrschern zu gewissen Zeiten erweckt werden und (nur dann) bestimmte Ereignisse auslösen. Das erklärt auch die Exaktheit und Logik dieser Methoden und gibt uns die Möglichkeit seriöser, sinnvoller Jahrestrends- und Prognosen. So gesehen ist die moderne Astrologie eigentlich nicht in der Lage, exakte Trends anzugeben, weil sie dazu meist völlig willkürlich Planeten und Konstellationen heranzieht, wenn sie z. B. versucht, Trends im Radixhoroskop alleine an Transiten abzulesen.

Die Ganzzeichenhäuser (GZH)

Dass das Profektionssystem völlig in Vergessenheit geraten ist, verwundert kaum, wenn man bedenkt, dass es nur in Horoskopen mit den Ganzzeichenhäusern (GZH) funktioniert, die in der modernen Astrologie (zu Unrecht) nicht mehr benutzt werden. Dieses Häusersystem ist sehr einfach, denn man braucht dafür nur zu wissen, in welches Zeichen der Aszendent fällt. Im Gegensatz zu moderneren Systemen funktioniert es auf der ganzen Welt, und zwar folgendermaßen: Das *ganze* Tierkreiszeichen, in dem sich der Aszendent befindet, wird das 1. Haus, und zwar vom Anfang bis zum

Ende. Das ganze nächste Zeichen wird das 2. Haus, das übernächste das 3. Haus usw. Es fallen Häuser und Zeichen zusammen!

Mit dem Aszendenten fängt also nicht das 1. Haus an, so wie das dagegen in den meisten modernen Häusersystemen der Fall ist, sondern der Aszendent wird zu einem sensiblen Punkt *innerhalb* des 1. Hauses. Genauso wird das MC ein sensibler Punkt, meistens im 10. Haus, aber oft auch im 9. Haus oder im 11. Haus. Ich empfehle Ihnen, Ihr eigenes Horoskop einmal mit diesem System anzuschauen und zu untersuchen, was sich genau ändert. Ich selbst fühle mich (nach einer kurzen Gewöhnungsperiode) in meinem GZH-Horoskop viel mehr zu Hause als beispielsweise in meinem Placidus-Horoskop.

Achtung: Mit anderen Häusermethoden funktionieren die Profektionen nicht!

Methode

Haus	Alter/Geburtstag							
1	0	12	24	36	48	60	72	84
2	1	13	25	37	49	61	73	85
3	2	14	26	38	50	62	74	86
4	3	15	27	39	51	63	75	87
5	4	16	28	40	52	64	76	88
6	5	17	29	41	53	65	77	89
7	6	18	30	42	54	66	78	90
8	7	19	31	43	55	67	79	91
9	8	20	32	44	56	68	80	92
10	9	21	33	45	57	69	81	93
11	10	22	34	46	58	70	82	94
12	11	23	35	47	59	71	83	95

Man bestimme das Alter des Horoskopeigners und finde das aktivierte Haus in der oben stehenden Tabelle. Dessen Herrscher ist der neue Zeitherrscher (*Dominus Anni*) dieses Jahres.

Hinweis: Alle zwölf Jahre wiederholt sich der Profektionszyklus. Das erste Haus und sein Herrscher werden immer dann aktiviert, wenn eine Person 12, 24, 36, 48, 60 Jahre wird; das zweite Haus und sein Herrscher werden immer dann aktiviert, wenn eine Person 13, 25, 37,49, 61 Jahre wird usw.

Das Geburtshoroskop begleitet den Menschen sein ganzes Leben. Die Häuser des Horoskops stehen für bestimmte Lebensbereiche; die Profektionen zeigen, wann diese Bereiche aktiviert werden!

Deutung Schritt für Schritt

Analyse des Jahresherrschers

- Bestimmen Sie mithilfe der oben stehenden Tabelle den Planeten, welcher der Herrscher des Jahres ist, und bestimmen Sie dessen grundlegende Natur.
- Ist der Jahresherrscher ein Wohltäter (Jupiter oder Venus) oder ein Übeltäter (Saturn oder Mars) oder ist er ein eher neutraler Planet?
- Gehört der Jahresherrscher zu seiner Sektion oder steht er außerhalb von ihr?

Erklärung: Ein Tagplanet steht in seiner Sektion, wenn er in einem Taghoroskop steht; ein Nachtplanet steht in seiner Sektion, wenn er in einem Nachthoroskop steht.

In einem *Taghoroskop* steht die Sonne über dem Horizont, das heißt: über der AC/DC-Achse. In einem *Nachthoroskop* steht die Sonne unter der AC/DC-Achse. Achtung: Im GZH-System fällt diese Achse nicht zusammen mit der Achse Haus 1/Haus 7, sondern läuft durch Haus 1 und 7.

Laut der Tradition gibt es drei Tagplaneten – *Sonne, Jupiter und Saturn* – und drei Nachtplaneten – *Mond, Venus und Mars. Merkur* ist variabel: Wenn er morgens vor der Sonne aufgeht, ist er Tagplanet (Morgenstern), wenn er abends nach der Sonne untergeht, ist er Nachtplanet (Abendstern). Merkurs Position zur Sonne kann man leicht feststellen, indem man im Horoskop die AC/DC-Achse so verschiebt, dass die Sonne auf dem Aszendenten zu stehen kommt. Befindet sich Merkur jetzt über dem Horizont, ist er Tagplanet; unter dem Horizont: Nachtplanet.

- Beachten Sie die Würden des Jahresherrschers. Welche positiven oder negativen Würden hat er (Domizil/Exil, Erhöhung/Fall usw.)?
- Ist der Jahresherrscher verbrannt oder befindet er sich unter den Strahlen der Sonne?
- Ist der Jahresherrscher rückläufig oder wird er bald rückläufig?
- Bildet der Jahresherrscher einen Zeichenaspekt mit dem Aszendenten oder steht er in Aversion? (In Aversion stehen Zeichen, die 30° oder 150° voneinander entfernt sind. Zum Beispiel: Mit Widder stehen Stier, Fische (30°) und Jungfrau, Skorpion (150°) in Aversion.)
- In welchem Haus steht der Jahresherrscher? Dieses Haus zeigt wichtige Themen an *(z.B. in Haus 5: Geburt eines Kindes).*
- In welchem Zustand ist der Dispositor jenes Zeichens, in dem sich der Jahresherrscher befindet?
- Transite beachten: Wo befindet sich der Jahresherrscher gerade als Transitplanet und welchen Kurs durch den Tierkreis wird er dieses Jahr nehmen? Macht er Transite mit anderen Planeten oder mit Horoskop-Achsen?
- Welche Transitplaneten aspektieren den Jahresherrscher als Radix-Planeten? *(z.B. Transit-Mars geht über den Jahresherrscher in Haus 1: Unfall, Operation, etc…)*
- Welche Transitplaneten gehen durch das Jahreshaus??
- Aspekte und Rezeptionen beachten! Welche Aspekte oder Rezeptionen macht der Jahresherrscher?
- Stehen noch andere Planeten im Jahreshaus? Falls sich im Haus des Jahresherrschers ein oder mehrere Planeten befinden, haben diese bei der Deutung oft Vorrang vor dem Jahresherrscher (Vettius Valens, Anthologie, Band 4).

- Bilden wichtige Planeten im Profektionsjahr Konjunktionen mit Fixsternen? Falls ja, wie ergänzen diese Sterne die Deutung?

Fortgeschrittene Methode

Man kann alle Faktoren des Horoskops (Planeten und Häuser) profektieren. Wenn man z.B. die Chancen für eine Partnerschaft für das kommende Jahr untersuchen möchte, geht man folgendermaßen vor:

Ist das Jahreshaus zum Beispiel das 10. Radixhaus, welches in das Zeichen Stier fällt, dann ist das gegenüberliegende 4. Radix-Haus, das in Skorpion fällt, das profektierte Haus 7 (Partnerschaft). Der Jahresherrscher, in diesem Fall Mars, soll beobachtet werden, z.B. seine Transite und auch die Transite der Planeten, die in diesem 7. Haus stehen. Achten Sie auch auf Verbrennungen, Rückläufigkeit und gegebenenfalls auch auf Fixsterne, sowie jene Transite, die der Hausherrscher Mars als Radix-Planet empfängt.

Beim Thema Partnerschaft empfiehlt es sich zusätzlich, die profektierte Venus zu betrachten.

Nach diesen Beispielen können meine Leser jetzt hoffentlich selbst mit den Profektionen experimentieren. Suchen Sie in ihrem eigenen Leben oder in jenem Ihrer Familienmitglieder oder Freunde Jahre, die deutlich als günstig oder ungünstig erlebt wurden, und suchen Sie dann in der Tabelle die dazu gehörenden Jahreshäuser und die (klassischen!) Jahresherrscher und legen Sie einfach los.

Vergessen Sie nicht: Die Profektionen sind eine klassische Technik, was heißt, dass Sie die klassischen Regeln so viel wie möglich anwenden sollten.

Die praktische Anwendung der Profektionen

Aktiviertes Haus: Wenn die Jahresprofektion ein bestimmtes Haus erreicht, wird das Thema dieses Hauses aktiviert.

Zustand des Jahresherrschers: Es ist sehr wichtig, die Qualität des

Jahresherrschers zu untersuchen. Denn diese entscheidet, ob das aktuelle Jahr erfolgreich oder schwierig verläuft.

Jahresherrscher aktiviert ein Haus: Das Haus, in dem der Jahresherrscher steht, soll in die Untersuchung immer mit einbezogen werden. Seine Qualität beschreibt, wie sich die Themen des aktuellen Profektionshauses entfalten.

Aktiviertes Haus enthält Planeten: Planeten im aktuellen Profektionshaus haben nach dem hellenistischen Astrologen Vettius Valens Vorrang vor dem Jahresherrscher. Das sahen nicht alle hellenistischen Astrologen so. Daher: Planeten im Haus und Jahresherrscher gleichermaßen gewichten.

Wiederholungen: Der Profektionszyklus wiederholt sich alle 12 Jahre (siehe Tabelle). Das bedeutet, dass sich alle 12 Jahre dieselben Themen unter demselben Jahresherrscher wiederholen. Warum ist aber nicht jede Wiederholung gleich? Weil beispielsweise auch Transite dabei eine große Rolle spielen, die jedes Mal andere Faktoren aktivieren.

Das bedeutet: Untersuchen Sie das Jahreszeichen und den Jahresherrscher sowohl in seiner Rolle als Radixplanet, als auch als Transitplanet:

- Welche Transitplaneten bilden einen Aspekt mit dem Jahresherrscher (JH) als Radixplanet?
- Welche Transitplaneten gehen über das Jahresprofektionszeichen?
- Welche Aspekte bildet der Jahresherrscher als Transitplanet im Laufe des Jahres mit dem Jahresherrscher als Radixplanet?
- Diese Faktoren können bestimmte Ereignisse im Zusammenhang mit dem Jahresthema auslösen.

Achtung: Wenn im Haus, das dem Jahreshaus gegenüberliegt, ein Planet steht, nimmt dieser Einfluss auf das Geschehen! (Insbesondere Mars und Saturn können Schwierigkeiten ankündigen.)

Eckhäuser deuten oft eine Wende an und/oder machen etwas sichtbar, was sich schon länger im Stillen aufgebaut hat.

Karriere-Verläufe beobachten. Mithilfe all dieser Kriterien können wir gut den Karriere-Verlauf eines Horoskopeigners oder von bekannten Persönlichkeiten untersuchen.

Praktisches Beispiel

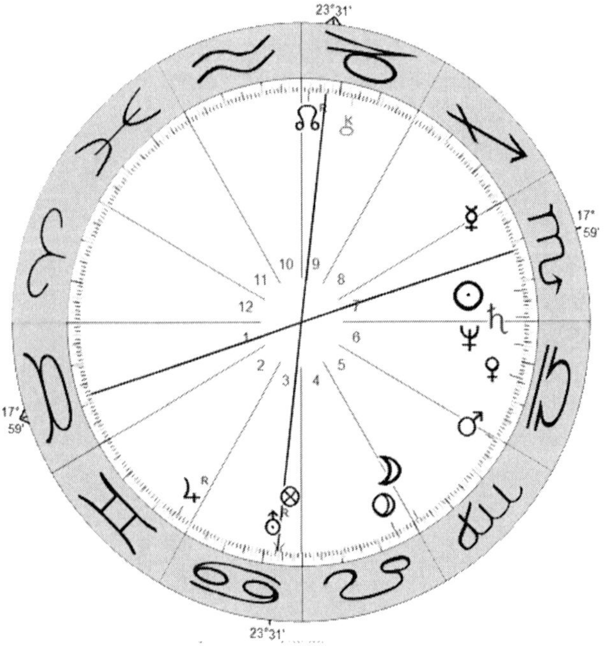

Abbildung 1: Anonym

Beispiel Anonym 1: Der Reihe nach werden in den Häusern 7, 8, 9, 10, 11 und 12 die jeweiligen Themen aktiviert:

Profektionshaus 7 (18 Jahre):	Partnerbegegnung, die zur späteren Ehe führte
Profektionshaus 8 (19 Jahre)	Verlassen des Elternhauses wegen Konflikten
Profektionshaus 9 (20 Jahre):	Studium an Hochschule und Universität
Profektionshaus 10 (21 Jahre	erster Job neben dem Studium
Profektionshaus 11 (22 Jahre	Leben in Wohngemeinschaft
Profektionshaus 12 (23 Jahre):	Rückzug aus der Wohngemeinschaft ins Eheleben

Anonym 2 (im gleichen Horoskop): Wiederholungen: Der Profektionszyklus wiederholt sich alle 12 Jahre (siehe Tabelle). Das bedeutet, dass sich alle 12 Jahre dieselben Themen unter demselben Jahresherrscher wiederholen. Die Wiederholung eines Profektionsjahres des 8. Hauses zeigt konfliktreiche Zeiten an.
Die Themen des 8. Hauses – das generell ein schwieriges Haus ist – sind Tod, Erbschaft, komplexe Probleme, Konflikte:

7 Jahre: Schuleintritt, der HE bekommt eine schwierige Lehrkraft
19 Jahre: Konflikte mit dem Elternhaus eskalieren
31 Jahre: Trennung vom 1. Ehepartner
43 Jahre: Konflikte mit dem 2. Ehepartner
55 Jahre: Entfremdung vom 2. Ehepartner und Krise

Auch hier haben wir einen Planeten im Profektionshaus (Merkur in Haus 8), der zusammen mit dem Jahresherrscher die Qualität des Jahres bestimmt.

Zu den schwierigen Themen des 8. Hauses kommt noch dazu, dass Merkur, der gerade ins 8. Haus eingetreten ist, in seinem Exil steht. Jahresherrscher Jupiter, in einer gegenseitigen negativen Rezeption mit Merkur, ist auch schwach, weil rückläufig und als Tagplanet in einem Nachthoroskop nicht in seiner Sektion.

Sie können die Profektionsmethode gleich selbst in Ihrem Horoskop überprüfen. Finden Sie in Ihrer Biografie Schicksalsjahre oder Lebensabschnitte, in denen sich viel ereignet hat, und schauen Sie, ob die jeweiligen Profektionshäuser das widerspiegeln.

Beatrix – Ehemalige Königin der Niederlande

Wir betrachten einige wichtige Stationen im Leben der ehemaligen Königin Beatrix der Niederlande.

Am 31.12.1962 lernt die noch junge Prinzessin bei einem Fest den deutschen Diplomaten Claus von Amsberg kennen und die beiden verlieben sich. Beatrix ist 24 Jahre alt. Ihr Profektionszyklus beginnt neu im 1. Haus. Am Beginn ihres 1. Hauses steht eine

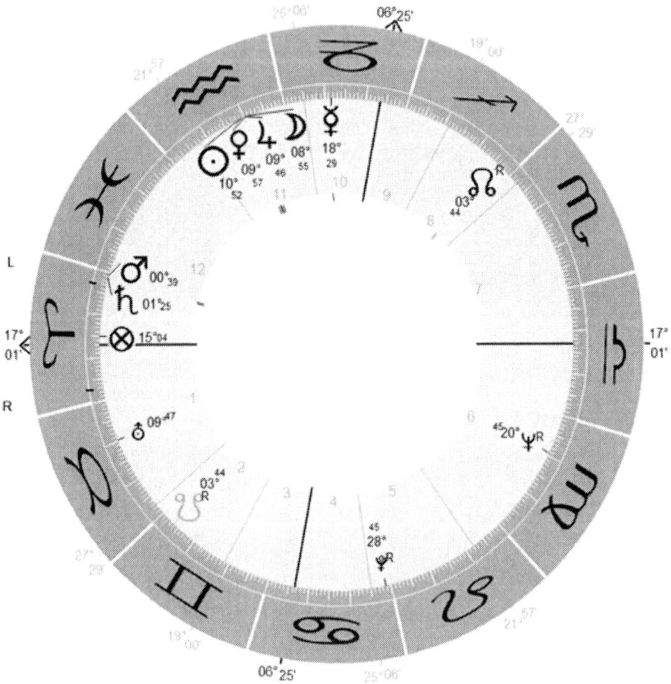

Abbildung 2: Beatrix, 31.1.1938, 9h47 AMT (9h27 GMT), Soestdijk NL (Rodden Rating AA)

Mars/Saturn-Konjunktion. Mars ist Jahresherrscher. Wie aus den Medien bekannt ist, sorgte diese Verbindung mit von Amsberg in der niederländischen Bevölkerung, noch keine zwanzig Jahre nach der deutschen Besatzung, für große Aufregung und Widerstand (Saturn). Aber Beatrix ließ sich nicht beirren und setzte sich letztendlich durch (Mars).

Am 10.3.1966 heiraten Beatrix und Claus von Amsberg. Beatrix ist 28 Jahre alt, die Jahresprofektion ist im 5. Haus (Liebe) angekommen. Eine wunderbare Konstellation für eine Hochzeit: Jahresherrscher Sonne steht im glücklichen Haus 11, zusammen mit dem Mond und der Konjunktion der beiden Wohltäter Venus und Jupiter.

30. April 1980: Ihre Inthronisierung: Ihre Mutter Königin Juliana übergibt die Regentschaft an Beatrix. Sie ist 42 Jahre alt und die Jahresprofektion hat das Haus 7 erreicht. Jahresherrscher Venus steht im glücklichen Haus 11, zusammen mit der Sonne (Königin) und der Venus/Jupiter-Konjunktion.

Am 30.4.2013 übergibt Beatrix ihre Regentschaft an ihren Sohn Willem Alexander. Sie ist 75 Jahre und erreicht die Jahresprofektion des 4. Hauses (Familie). Es sind traurige Familien-Angelegenheiten, die sie wohl beschäftigten und zum Rücktritt bewogen haben. Ihr zweiter Sohn Johan Friso geriet beim Skiurlaub am Arlberg im Februar 2012 unter eine Lawine und lag lange in Koma. Er starb im August 2013. Der Jahresherrscher ist der Mond, der auch für die Kinder steht.

Joe Biden – US-Präsident

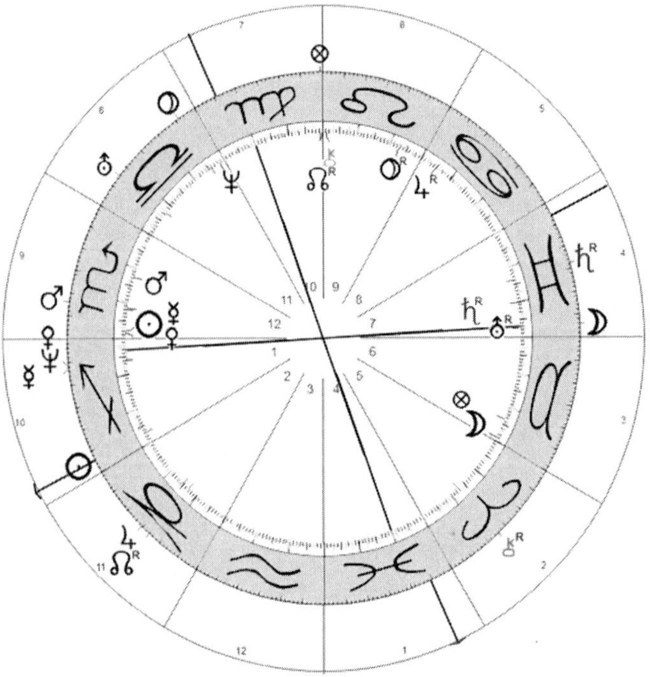

Abbildung 3: Innen: Joseph Biden, geb. 20.11.1942, 8h30 EST, Scranton/USA/PA, AC auf 3°11 Schütze (Rodden Rating A) Außen: Unfall in Dover/Delaware, 18.12.1972, 12h EST, USA/DE, AC auf 24°45 Fische

Joseph Biden, bis 2017 Vizepräsident der USA unter der Administration Obama, gewann 2020 als Kandidat der Demokraten die Wahl zum US-Präsidenten.

Er hat eine leidvolle Familiengeschichte: Ab 20.11.1972 hat Joe Biden eine Jahresprofektion des 7. Hauses (30 Jahre, Partnerschaft). Jahresherrscher ist Merkur.

Am 18.12.1972 geht der Transit-Mars gradgenau über den Radix-Merkur: schwerer Autounfall seiner Frau. Sie und die Tochter sterben, seine beiden Söhne werden schwer verletzt.

Zusammenfassung: Transite, die über den Jahresherrscher gehen, können Ereignisse auslösen, die im Laufe dieses Jahres stattfinden werden, wie an diesem Beispiel demonstriert wird.

Diana – Königin der Herzen

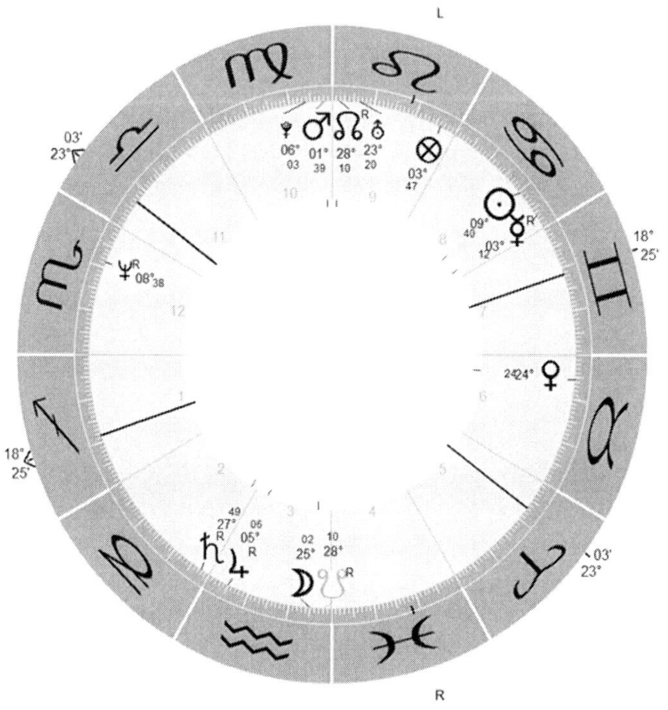

Abbildung 4: Diana, 1.7.1961, 19h45 WET/S, Sandringham, UK Aszendent: Schütze (Rodden Rating A)

Diana war von 1981 bis 1996 mit dem britischen Thronfolger Prinz Charles verheiratet. Sie starb am 31. August 1997 in Paris bei einem tragischen Autounfall.

Am 7. Juni 1992, als Diana noch 30 war, erschien in der SUNDAY TIMES der erste Auszug aus Andrew Mortons Buch *Diana – ihre wahre Geschichte*, und es war für alle Beteiligten offensichtlich, dass Diana selbst die Urheberin jener Zeilen war; die Aussagen über ihre Suizidversuche, über ihre Verlassenheitsgefühle und ihre Bulimie-Erkrankung stammten von einigen ihrer engsten Freunde, deren Namen veröffentlicht worden waren. Kurz nach der Veröffentlichung von Mortons Buch bereute Diana es, dass es erschienen war. Die Journalisten der Boulevardpresse betrachteten das Buch als einen Freibrief, den Mitgliedern der Königsfamilie schamloser denn je nachzustellen. Diese Veränderung in der Presse machte sich ab Sommer 1992 deutlich bemerkbar. So stellte der DAILY TELEGRAPH die Frage, ob die britische Monarchie noch eine Zukunft habe. Dianas Enthüllungen in Mortons Buch gaben den Gegnern der Monarchie enormen Aufwind.

Das Profektionsjahr 30: Die 30-jährige Diana hatte als Profektionshaus das 7. Haus, das mit Zwillinge zusammenfällt. Merkur ist somit Jahresherrscher. Er ist in Dianas Horoskop äußerst wichtig, denn er ist Herrscher der beiden Eckhäuser 7 (Partnerschaft, öffentliche Feinde) und 10 (Ruf in der Öffentlichkeit). Merkur steht schlecht: im problematischen Haus 8. Er ist zudem rückläufig, von der Sonne verbrannt und steht auf dem Fixstern *Tejat* (Èta Geminorum), der auf Selbstüberschätzung (Veröffentlichung des Buches) hinweist.

Ein derart schlecht gestellter Jahresherrscher ist ein deutlicher Hinweis auf ein schwieriges Jahr.

Zusammenfassung: In diesem Fall zeigen die Profektionen sehr klar das Jahresthema an: öffentliche Feinde. Sehr wichtig ist hier die Rolle des Jahresherrschers.

Adolf Eichmann – Schreibtischtäter

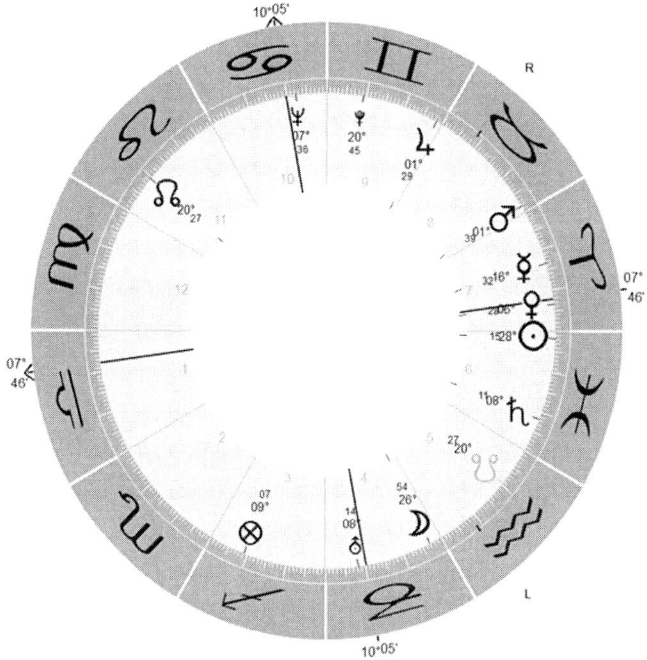

Abbildung 5, Adolf Eichmann, 19.03.1906, 19h30 MEZ, Solingen, Aszendent Waage (Rodden Rating A)

Im Zweiten Weltkrieg war Adolf Eichmann für die gesamte Organisation der Deportation der Juden aus Deutschland und den besetzten europäischen Ländern zuständig. Ihm unterstand die Koordination sämtlicher Transporte, er sorgte für die Einhaltung der Fahrpläne und die Zusammenstellung und Auslastung der Eisenbahnzüge, die die Menschen in die Ghettos und Vernichtungslager transportierten. Er war somit direkt mitverantwortlich für die Enteignung, Deportation und Ermordung von rund sechs Millionen Juden. Eichmann organisierte alles von seinem Büro aus: ein typischer Schreibtischtäter!

Nach dem Krieg gelang es Eichmann, nach Argentinien zu flüchten, wo er im Mai 1960 (sein Alter: 54) durch eine israelische Fahndungsgruppe gefasst und nach Israel gebracht wurde. Er bekam dort einen Prozess und wurde zum Tode verurteilt. Die Vollstreckung (durch Hängen) fand am 1. Juni 1962 statt. Während des ganzen Prozesses hat Eichmann sich im juristischen Sinne für unschuldig erklärt, und berief sich darauf, nur auf Befehl von Vorgesetzten gehandelt zu haben.

Das Profektionshaus 7 (in Widder): Die Verhaftung in Argentinien fand statt, als Eichmann 54 Jahre alt war. Sein Jahreshaus war das 7. Haus, u.a. das Haus der öffentlichen Feinde, für Eichmann: Israel und die Juden, denn er ahnte, dass nach ihm gefahndet wurde. Herr 7, Mars, steht im 8. Haus: Tod! Venus ist sowohl Herrscherin von 1 (Eichmann selbst) als von 8: Tod. Sehr interessant: Die beiden wichtigen Planeten Venus und Mars stehen beide in Exil und … in gegenseitiger Rezeption: Obwohl sie keinen Aspekt bilden, sind die beiden sehr aufeinander bezogen! Seine Festnahme (7) führte unmittelbar zu seinem Tode (8), der zwei Jahre später intrat.

Welche Bedeutung hat Merkur im Profektionshaus 7? Die Verhaftung fand erst statt, nachdem die israelische Fahndungsgruppe intensiv nach Eichmann gesucht und viele Informationen gesammelt hatte, eine typisch merkurische Aktivität!

Zusammenfassung: Sehr wichtig ist das aktivierte Haus 7 (öffentliche Feinde) und der enge Zusammenhang zwischen den Planeten in Haus 7 und Haus 8 (Tod).

Anne Frank – Het Achterhuis (Das Hinterhaus)

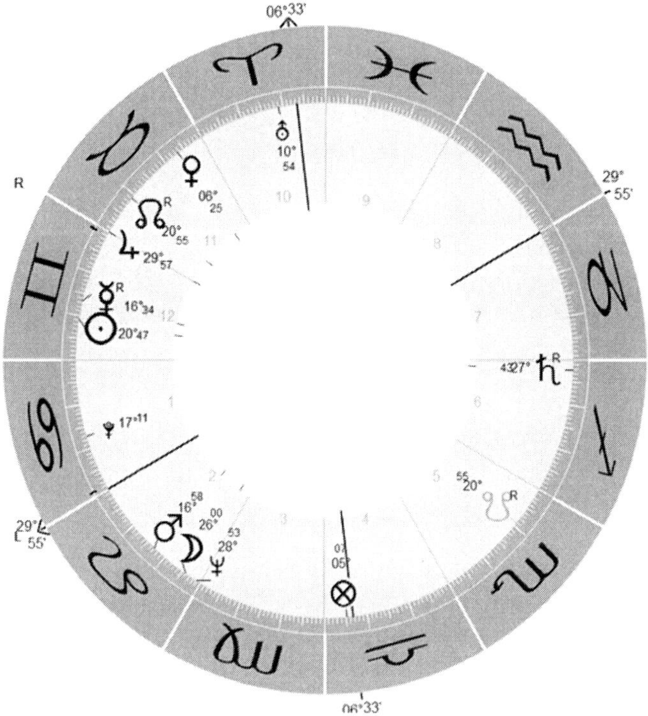

Abbildung 6: Anne Frank, 12.6.1929, 7h29 MEZ. Frankfurt am Main, Aszendent: Krebs, (Rodden Rating: AA)

Die offizielle Geburtszeit 7.30 MEZ wird im Roden Rating mit AA angegeben und soll also sehr zuverlässig sein. Diese Zeit liefert den Aszendenten: 00°06‘ Löwe. Nur eine Minute früher, um 7:29 Uhr MEZ, wäre ihr Aszendent auf 29°55’ Krebs. (siehe Horoskopfigur). Ich plädiere für diesen Krebs-Aszendenten, denn die einfühlsame Art und Weise, wie Anne in ihrem Tagebuch die sieben Mitbewohner in ihrem Versteck beobachtet und so auch ihren eigenen Charakter entwickelt, zeigt uns vielmehr den Krebs als den Löwen.

Zudem werden wir sehen, dass der Krebs-Aszendent laut der Profektionsmethode ein viel überzeugenderes Ergebnis bringt. Das Zeichen Löwe ist sowieso stark in Annes Horoskop vertreten: Der Aszendentherrscher Mond steht in Löwen zusammen mit Mars (und Neptun).

Annes Leben: Weil die Lage für die Juden in Deutschland immer grausamer wird, übersiedelt die Familie Frank (Vater Otto, Mutter Edith und die Töchter Margot und Anne) 1934 aus Frankfurt nach Amsterdam.

Am 12. Juni 1942 wird Anne 13 Jahre alt und bekommt ein Tagebuch, in dem sie (in der niederländischen Sprache!) sofort zu schreiben beginnt.

Nachdem die 16-jährige Margot am 5. Juli 1942 den Aufruf zum Arbeitsdienst nach Deutschland erhalten hat, versteckt die Familie Frank sich am nächsten Tag im Hinterhaus (*Achterhuis*) an der Prinsengracht 263. Später verstecken sich noch vier andere Juden in diesem Hinterhaus.

Anne schreibt über zwei Jahre regelmäßig weiter in ihr Tagebuch.

Am 4. August 1944 werden die acht Untergetauchten verhaftet und ins Durchgangslager Westerbork überstellt und von dort mit dem letzten Zug nach Auschwitz deportiert. März 1945 sterben Margot und Anne im Konzentrationslager Bergen-Belsen.

Der einzig Überlebende der acht im Hinterhaus versteckten Juden ist Vater Otto. Nach dem Krieg bekommt er Annes Tagebuch, das von Miep Gies, einer der Helferinnen der Versteckten im Hinterhaus, nach der Verhaftung gefunden und aufbewahrt wurde.

Das Tagebuch wird weltweit das meist gelesene literarische Dokument über das Verbrechen der Nationalsozialisten und hat Anne posthum weltberühmt gemacht.

Annes wichtigstes Profektionsjahr: Am 12. Juni 1942 beginnt zweifellos das wichtigste Jahr in Annes Leben, als sich die jüdische Familie Frank im Hinterhaus verstecken muss. Das Profektionshaus der 13-jährigen Anne ist Haus 2, das Haus des materiellen Besitzes, der für Anne und ihre Familie fast völlig verloren geht, denn die Sonne, der

Herrscher des 2. Hauses, steht in Annes 12. Haus: Verlust! Zudem ist das Versteck wie ein Gefängnis: ebenfalls in Haus 12! In diesem Haus befindet sich auch Merkur, der sowohl gut als auch schlecht steht: gut in seinem Domizil Zwillingen und schlecht im 12. Haus und in seiner Rückläufigkeit: Annes intensive, vor allem »merkurische« Kontakte mit ihren zahlreichen Freundinnen werden zwar abrupt abgebrochen, aber ihre kreative Arbeit in ihrem Tagebuch (ebenfalls Merkur) wird ihr in ihrem Versteck eine große Zuflucht und Hilfe.

Aber Merkur ist auch in Haus 12: geheime Feinde! Obwohl feststeht, dass die im Hinterhaus Versteckten verraten wurden, wurde nie mit hundertprozentiger Sicherheit geklärt, wer die Verräter waren.

Im Profektionshaus 2, regiert von der Sonne in 12, stehen Mars und Mond in einer applikativen Konjunktion mit Neptun. Mars ist u.a. Haus 10: die aggressive deutsche Besatzungsmacht (10) über Holland; der Mond ist u.a. das Tagebuch (eine typische Mondaktivität), das in Annes kurzem Leben eine sehr wichtige Rolle spielen wird. Neptun: ein Zustand der Verwirrung, die nach einer relativ normalen Kindheit in Annes Leben eingetreten ist.

Im Profektionsjahr gibt es zwei wichtige Transite der beiden klassischen Übeltäter: Transit-Mars geht durch das Profektionshaus (2) und Transit-Saturn geht durch das 12. Haus!

Zusammenfassung: In diesem Profektionsjahr sind vor allem das aktivierte Haus 2 und sein Herrscher Sonne in 12 wichtig. Auch die anderen Planeten in 2 und 12 und auch Transite spielen eine wichtige Rolle.

Rudolf Hess – Hitlers Stellvertreter

Im Jahr 1933 ernannte Adolf Hitler Hess zu seinem Stellvertreter in der Parteileitung. Am 10. Mai 1941 flog Hess auf eigene Initiative nach Großbritannien, um die britische Regierung zu einem Friedensschluss zu bewegen. Er geriet in Kriegsgefangenschaft und wurde nach dem Krieg zu lebenslanger Haft verurteilt. 1987 starb er durch Suizid im Kriegsverbrechergefängnis Spandau.

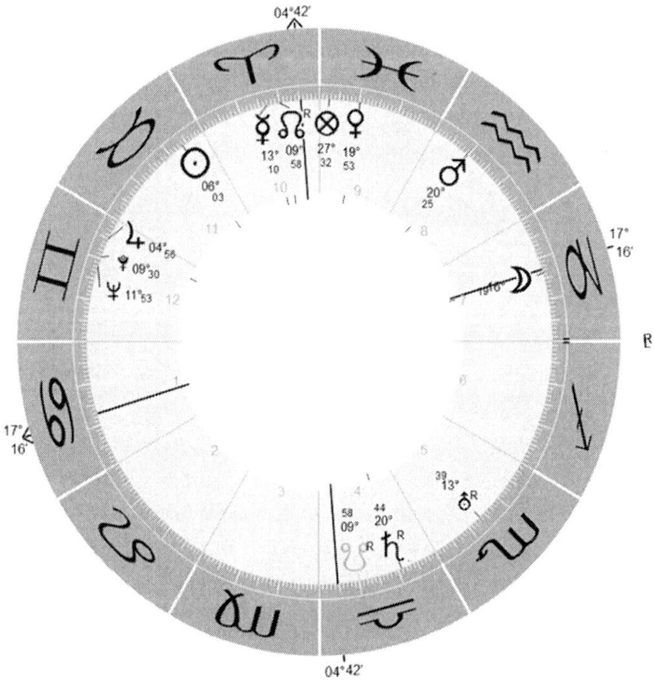

Abbildung 7: Rudolf Hess, 26. April 1894 um 10h00 LMT, Alexandria, Ägypten, Aszendent: Krebs (Rodden Rating: A)

Hess wichtigstes Profektionsjahr 1941–1942: Zwei Wochen, bevor Hess nach Großbritannien flog, war er 47 Jahre alt geworden: Das Profektionsjahr 47 korrespondiert mit dem 12. Haus: Gefangenschaft! Hess war 40 Jahre bis zu seinem selbst gewählten Tode in Haft.

Herrscher von 12 ist Merkur auf 13° Widder in einer applikativen Opposition zum großen Übeltäter Saturn: Haus 7 (öffentliche Feinde) und Haus 8 (Tod).

Im 12. Haus stehen Jupiter, der u.a. Haus 9 ist Ausland (England), und die höchst seltene Konjunktion Neptun-Pluto, die über viele Jahre aktiv ist und deshalb weniger über das Individuum aussagt als über die Generation, die innerhalb dieses Zeitraums zur Welt kommt.

Zusammenfassung: Das aktivierte Haus 12 und Merkur, der Herrscher von 12, in Opposition zu Haus 7 und Saturn in Haus 8 erklären an sich schon das Schicksal dieses Mannes.

Erich Honecker – Staatsratsvorsitzender der DDR

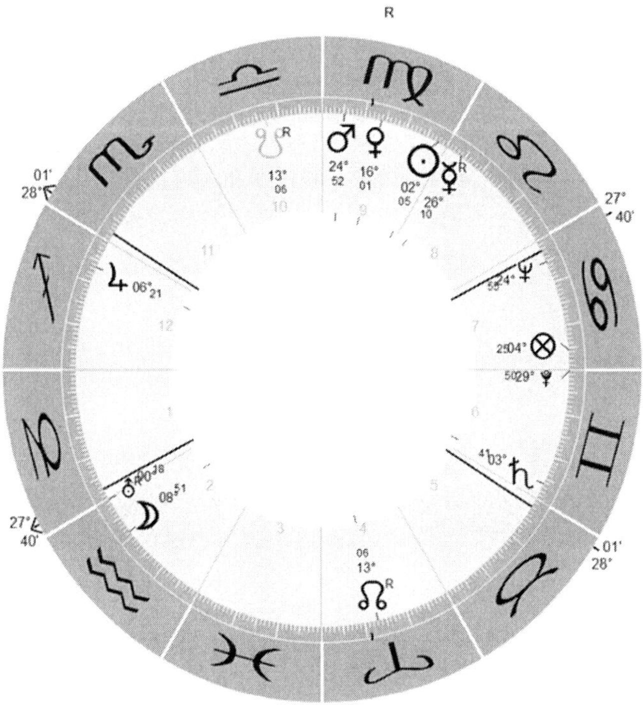

Abbildung 8: Erich Honecker, 25.8.1912, 18h00 MEZ, Neunkirchen (Saar), Aszendent Steinbock (Rodden Rating AA)

Honecker war von 1971 bis 1989 Staatsratsvorsitzender, das höchste Amt in der DDR. Am 18. Oktober 1989 wurde er wegen seiner schweren Krankheit (Gallenblasenentfernung, teilweise Entfernung des Dickdarms, Nierentumor) zum Rücktritt gezwungen, wonach es mit ihm rapide bergab ging. Er sollte wegen

Menschenrechtsverletzungen vor Gericht gestellt werden, aber das Verfahren wurde wegen seiner Krankheit eingestellt. Er starb 1994 in Chile.

Honeckers Profektionsjahr 1989–1990: Am 25. August 1989 wurde Honecker 77 Jahre. Das Profektionsjahr 77 korrespondiert mit dem 6. Haus: Krankheit! In diesem Haus, das in diesem Jahr aktiviert wird, steht auch in Haus 1 (Honecker selbst): Saturn. Der Herrscher des 6. Hauses ist Merkur, der im 8. Haus, dem Haus des Todes, schlecht steht und zudem rückläufig ist. Im gleichen Jahr 1989 fällt die Mauer, was der Anfang der Zusammenführung der beiden deutschen Staaten ist: Das 6. Haus ist ein Zwillingshaus!

Zusammenfassung: Merkur, der Jahresherrscher des aktivierten 6. Hauses, steht schlecht. Er ist rückläufig und steht im problematischen 8. Haus: ein schlechtes Jahr für Honecker.

Grace Kelly – Filmschauspielerin und Fürstin von Monaco

Grace Kelly war eine sehr bekannte Filmschauspielerin, die 1956 Fürst Rainier von Monaco heiratete. Sie bekam mit ihm drei Kinder: Caroline (1957), Albert (1958) und Stéphanie (1965).

Am Vormittag des 13. September 1982 kamen Fürstin Gracia Patricia und ihre Tochter Stéphanie auf der Heimfahrt von der Sommerresidenz aus ungeklärten Gründen von der Straße ab und stürzten 40 Meter tief einen Abhang hinunter. Am nächsten Tag erlag Grace im Alter von 52 Jahren ihren schweren Verletzungen. Tochter Stéphanie überlebte diesen Unfall.

Kellys Todesjahr: Kelly war 52, als sie starb. Ihr Todesjahr korrespondiert mit dem 5. Profektionshaus, das mit dem Zeichen Fische zusammenfällt. In diesem Haus steht Kellys Mond, und der Jahresherrscher ist der schlecht stehende Jupiter in seinem Exil Zwillinge im 8. Haus (Tod).

Über den genauen Unfallhergang kursieren mehrere Spekulationen – unter anderem die oft zitierte Theorie, dass die seinerzeit

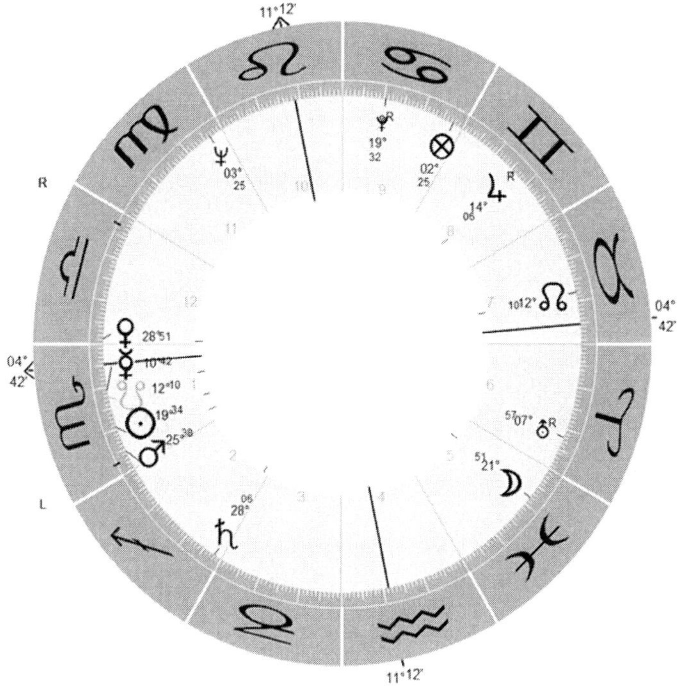

Abbildung 9: Grace Kelley, 12.11.1929, 5h30 EST, Philadelphia PA, Aszendent Skorpion, (Rodden Rating AA)

noch minderjährige Prinzessin Stéphanie am Steuer des Wagens gesessen habe. Diese Theorie stützte sich auf die Aussagen von Augenzeugen, die sich zum Zeitpunkt des Unglücks in unmittelbarer Nähe aufhielten und berichteten, die Prinzessin sei über die Fahrerseite des schwer beschädigten Fahrzeuges ausgestiegen. Dass Stéphanie sich nie über den Vorgang geäußert hat, könnte diese Theorie ebenfalls untermauern. Zudem ist das Profektionshaus des Todesjahres das 5. Haus, das u.a. für die Kinder der Geborenen steht. Nicht nur Jupiter in Haus 5, sondern auch der Mond in 5 könnte auch auf das Kind Stephanie hinweisen.

Zusammenfassung: Der Herrscher Jupiter des aktivierten Hauses 5 in Kellys Todesjahr steht schlecht: rückläufig in Exil im 8. Haus.

Robert Kennedy – Amerikanischer Politiker

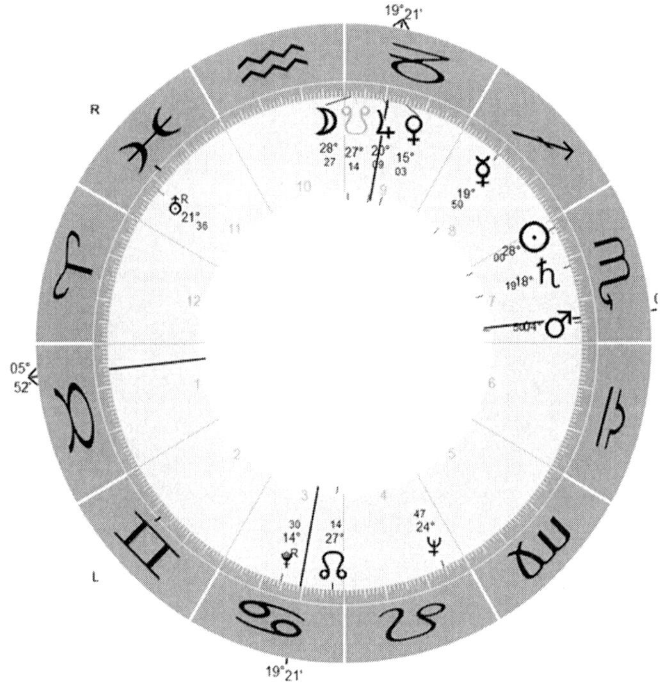

Abbildung 10: Robert Kennedy, 20.11.1925, 15h11 EST, Brookline MA, Aszendent Stier (Rodden Rating A)

Der Tod des Bruders John: Robert Kennedy wurde zwei Tage, bevor sein Bruder John (am 22.11.1963) ermordet wurde, 38 Jahre: Laut der Profektionstabelle war sein 3. Haus gerade sein Jahreshaus geworden. Dass es um das Haus der Geschwister geht, wundert nicht: Der Tod seines Bruders John plus alle damit verbundenen Konsequenzen beherrschten Roberts Leben in diesem Profektionsjahr.

Denn Jahresherrscher Mond steht hier in jeder Hinsicht schlecht und verheißt für dieses Jahr nichts Gutes: in Haus 9 im Exil Steinbock. Er bildet per Zeichen ein Sextil mit Mars. Sowohl Mars als auch Mond stehen als Nachtplaneten in einem Taghoroskop nicht in ihrer Sektion. Zudem steht der Todesplanet Pluto in Roberts 3. Haus.

Roberts Todesjahr: Robert selbst wurde fünf Jahre später, am 6.6.1968 ermordet, als er 42 war: Jahreshaus 7, in dem die beiden klassischen Übeltäter Mars (Haus 7, am Deszendenten) und Saturn stark dominieren. Das 7. Haus ist nicht nur das Partnerschaftshaus, sondern auch das Haus der öffentlichen Feinde! Roberts Mörder war ein Palästinenser, den Roberts israelfreundliche Auffassungen geärgert hatten.

Zum Schluss: Der manchmal gehörten Behauptung, dass Robert eine halbe Stunde früher geboren wäre und deshalb einen Widder- statt einem Stieraszendenten hätte, wird erstens vom *Rodden Rating A* widersprochen und zweitens würde das nicht die frappierend stimmigen Profektionen für die Jahre 1963 und 1968 liefern!

Zusammenfassung: Dieses Horoskop ist ein gutes Beispiel für die Qualität des Jahresherrschers und seinen aktivierten Einfluss auf das Lebensjahr des Horoskopeigners. Im zweiten Beispiel, Roberts Todesjahr, stehen die beiden Übeltäter Mars (auch Jahresherrscher!) und Saturn im aktivierten Jahreshaus 7.

Joachim Löw – DFB-Bundestrainer

Seit dem 1. August 2006 ist Löw Bundestrainer der deutschen Fußballnationalmannschaft.

Weltmeisterschaft: Unter seiner Leitung wird die deutsche Mannschaft am 13. Juli 2014 in Argentinien Weltmeister. Löw ist damals 54 Jahre alt gewesen: Profektionshaus 7, korrespondierend mit Schütze. Jahresherrscher ist Jupiter, der nicht nur im 7. Haus steht, sondern auch Herrscher des wichtigen Eckhauses 10 ist: Karriere!

Eine Mannschaft ist ein Team. Die Spieler sind Kollegen und für Kollegen ist das 7. Haus zuständig! Aber auch die öffentlichen gegnerischen Teams gehören zum 7. Haus.

Jupiter ist der am besten gestellte Planet in Löws Horoskop, der Horoskopherrscher! Er steht in ‚Hayz' (am idealen Ort), weil die drei Bedingungen dafür erfüllt sind:

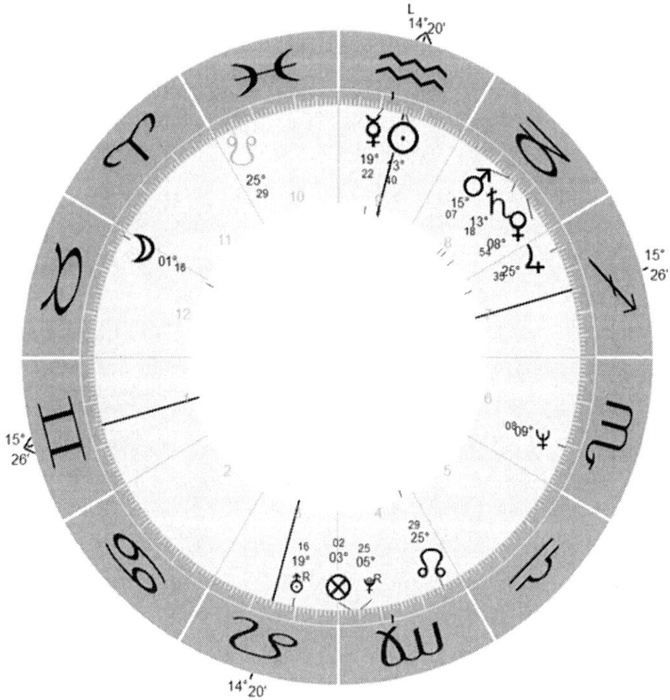

Abbildung 11: Joachim Löw, 03.02.1960, 12h45 MEZ, Schönau im Schwarzwald; Aszendent Zwillinge (Rodden Rating A)

1. Er ist Tagplanet in einem Taghoroskop.
2. Er steht über dem Horizont.
3. Als männlicher Planet steht er in einem männlichen Zeichen, das zudem sein Domizil ist.

Jupiter bildet ein applikatives Sextil zu Merkur, dem AC-Herrscher und auch Herrscher des Eckhauses 4. Die wichtigste Aufgabe eines Trainers: die Kommunikation mit den Spielern!

Kein Wunder, dass Löw sich gerade in diesem Jahr mit seiner Mannschaft den Weltmeistertitel sicherte!

Zusammenfassung: Im aktivierten Jahreshaus steht der Jahresplanet Jupiter in »Hayz«! Ein sehr gutes Jahr für Löw!

Martin Luther – Reformator[1]

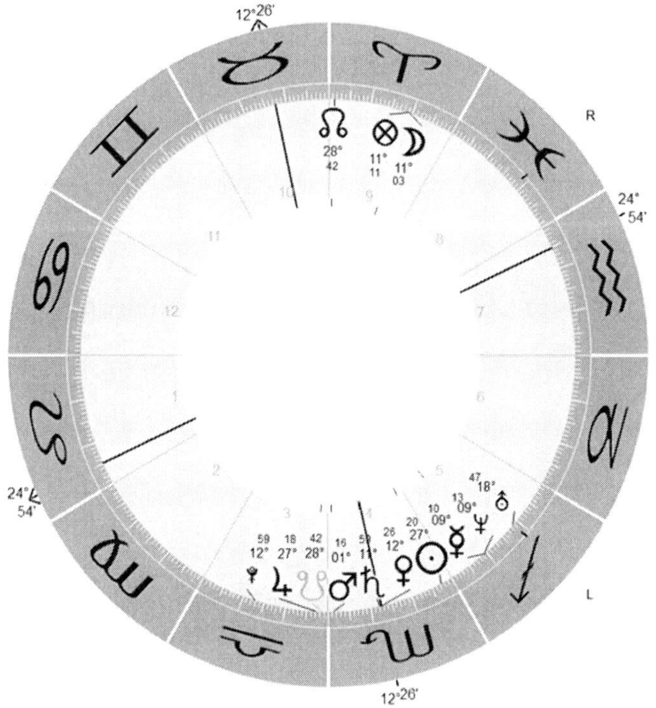

Abbildung 12: Martin Luther, 10.11.1483, 22h46 LMT, Eisleben, Aszendent: Löwe (Julianischer Kalender) (Rodden Rating: AA)

Die 95 Thesen: Der Reformator Martin Luther soll laut Überlieferung am 31.10.1517 (ein Datum, das laut Wikipedia aber nicht ganz sicher ist) seine 95 Thesen am Hauptportal der Schlosskirche in Wittenberg angeschlagen haben. Er war damals 33 Jahren alt: Das

---

[1] Diese Profektion, von Kollegin Elke Jurasszovich ausgearbeitet, wurde auch schon in meinem Buch *Traditionelle Horoskopdeutung* (Tübingen, 2014) behandelt.

Profektionshaus ist das 10. Haus und korrespondiert das mit dem Zeichen Stier. Somit ist Venus Jahresherrscher. Venus steht in Luthers 4. Radixhaus. Dass dieses Haus mit nicht weniger als 4 Planeten aktiviert wird, passt gut zu den Ereignissen dieses Jahres. Darin finden wir den Jahresherrscher Venus (Jahresthema), die Sonne (Haus 1) für die Öffentlichkeit und für Luther selbst sowie Mars und Saturn.

Wichtig ist zunächst einmal, die beteiligten und damit auslösenden Planeten zu bestimmen. Da es in diesem Jahr um den vorläufigen Höhepunkt in einer öffentlichen Kontroverse geht, betrachten wir das 4. Radix-Haus, denn es ist das gedrehte Haus 7 ab Haus 10. Das 7. Haus gilt auch als Haus der Gegner und der öffentlichen Feinde. Wie wir wissen, hat Luther eine grundlegende Reform der ganzen Kirche »an Haupt und Gliedern« gefordert und damit starke Kontroversen mit weitreichenden historischen Konsequenzen ausgelöst. Er wurde nach dem Thesen-Anschlag von der Kurie in Rom vorgeladen und der notorischen Ketzerei angeklagt.

Im gedrehten 7. Haus (Luthers öffentliche Gegner) stehen gleich mehrere Planeten, der Reihe nach Mars, Saturn, Venus (zugleich allgemeiner Jahresherrscher!) und Sonne. Also müssen wir bei diesen Planeten alle Aspekte mit Transit-Planeten beachten, die sie empfangen. Die Transit-Aspekte müssen nicht exakt sein. Es geht um die Zeichen-Aspektierung. Am Tag des Thesenanschlags standen sowohl Sonne als auch Mars in Skorpion, was heißt, dass zwei Planeten aus dem 4. Radixhaus, Sonne und Mars, zur Zeit des Anschlages durch dieses Haus transitierten.

Diese Transite von Mars (der ja der Horoskop-Herrscher in Luthers Horoskop ist) und Sonne über dieses Haus 4 und dazu über den Jahresherrscher Venus sind ein starker Hinweis auf besondere Aktivitäten in diesem Jahr, die noch dazu in einem Eckhaus stattfinden, das Ereignisse sichtbar macht.

Zusammenfassung: In diesem Horoskop wird gearbeitet mit einem gedrehten Profektionshaus. (In diesem Fall: Haus 7 ab 10 = Haus 4.)

Arnold Schwarzenegger – Bodybuilder, Schauspieler, Gouverneur Kalifornien

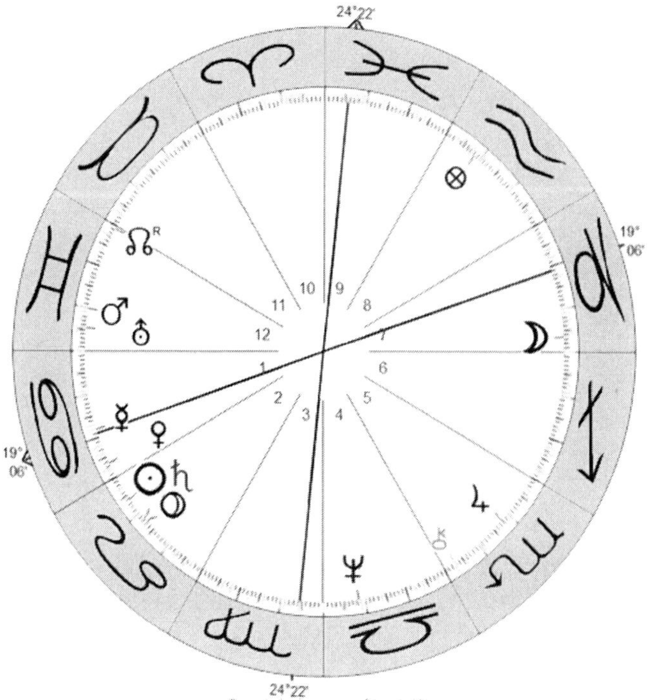

Abbildung 13: Arnold Schwarzenegger, 30.7.1947, 4h10 MET, Graz (A), AC in Krebs (Rodden Rating A)

Dem Österreicher Arnold Schwarzenegger gelang in den USA eine beeindruckende Bodybuildingkarriere. Daran schloss sich eine Schauspieler-Laufbahn an. Er wurde als Actionheld in Filmen wie Conan und Terminator weltberühmt. Schließlich machte er auch Versuche, in der Politik Fuß zu fassen.

In den Jahren 1968, 1980, 1992 und 2004 gelangte die Jahresprofektion gemäß dem 12er-Rhythmus immer ins 10. Haus, das Themen zu Beruf und Karriere anzeigt. Der Jahresherrscher ist

Mars, der Planet des energischen Aufbruchs, der Aggression und des starken Willens. In diesen Jahren fanden bemerkenswerte Umbrüche, Neuanfänge und erfolgreiche Unternehmungen statt. Mars steht zwar im 12. Haus, aber in seinen Grenzen und in Konjunktion mit dem Fixstern *Bellatrix* (*η Orionis*), der Energie und körperliche Kraft gibt.

Wiederholung des Profektionshauses 10:

1968: 21 Jahre: Arnold Schwarzenegger geht in die USA, um eine Bodybuildingkarriere zu machen.

1980: 33 Jahre: Er gewinnt zum letzten und siebten Mal den Mister Olympia-Wettkampf. Zieht sich anschließend von seiner Bodybuildingkarriere zurück (Mars in 12).

1992: 45 Jahre: Höhepunkt seiner Schauspielerkarriere nach dem Erscheinen von Terminator 2.

2004: 57 Jahre: Sein erstes Jahr als Gouverneur von Kalifornien ist ein sehr erfolgreiches.

Erik van Slooten – Astrologe

Unfalljahr 2018–2019: Im Alter von 76 Jahren war mein Profektionshaus das 5. Haus. Dieses Haus fällt ins Zeichen Widder; Mars war also der aktuelle Jahresherrscher (von 28. Juli 2018 bis 28. Juli 2019) und deshalb sehr wichtig, insbesondere auch weil in meinem 5. Haus keine Planeten stehen. Dieses Jahr war zweifellos nicht einfach für mich: Mars ist der 'kleine Übeltäter' und hat oft mit Unfällen zu tun. Zudem ist Mars auch der Herrscher des klassisch gesehen schwierigen 12. Hauses.

Was passierte in diesem Jahr? Im November 2018 brach ich mir bei einem Sturz meine rechte Hüfte und musste operiert werden, was dazu führte, dass ich viele Monate nur mühsam gehen konnte und dafür einen Gehstock und einen Rollator brauchte. Diese physische Einschränkung führte im Juni 2019 zu einem neuerlichen Sturz, der einen Riss in meinem Becken verursachte, mir viele Schmerzen bereitete und mich viele Wochen behindert hat.

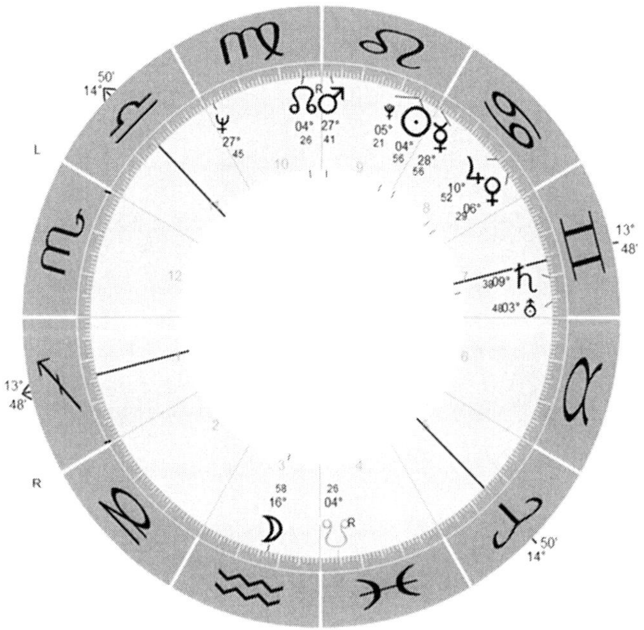

Abbildung 14: Erik van Slooten, 28.7.1942, 18h10 MESZ Eindhoven (NL), Aszendent Schütze (Rodden Rating: AA)

Interessant: Haus 5 Mars steht im 9. Haus, das die Hüften und das Becken regiert! Der Mond bildet aus dem 3. Haus (dem Haus der Fortbewegung!) eine Opposition zu Mars in 9. Mein 3. Haus wird von dem klassischen Übeltäter Saturn regiert (erneut: Behinderung, Einschränkung!)

Liebesjahr 1964–1965: Schöne Jahre liefert dieses System selbstverständlich auch: Im Februar 1965 lernte ich während einer Studentenparty meine zukünftige Frau kennen. Liebe auf dem ersten Blick! Ich war damals 22 Jahre jung: Profektionshaus 11, in meinem Horoskop mit dem Partnerschaftszeichen Waage zusammenfallend und vom Liebesplaneten Venus regiert!

Zusammenfassung: Die beiden Jahresherrscher erklären überzeugend diese Profektionsjahre.

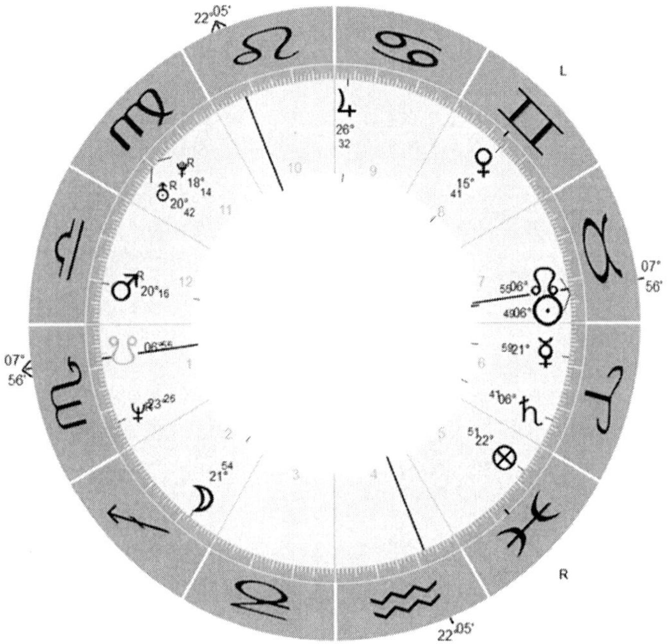

Abbildung 15: Willem-Alexander, 27.4.1967, 19h57 MEZ, Utrecht (NL), Aszendent: Skorpion (Rodden Rating AA)

Im April 1999, kurz bevor er 32 wurde, lernte der 31-jährige Kronprinz der Niederlande, Willem-Alexander, im spanischen Sevilla seine zukünftige Ehefrau Máxima Zorreguieta, kennen, die er 2002 heiratete. Diese Bekanntschaft bedeutete eine Wende in Willem-Alexanders Leben, dessen Lebensstil ihm den zweifelhaften Spitznamen »Prinz Pils« beschert hatte. Máxima hatte einen sehr guten Einfluss auf Willem-Alexander, der sich dank seiner Frau relativ schnell zu einem ernst zu nehmenden Menschen entwickelte, der sich seiner wichtigen Aufgabe bewusst war.

Das Profektionsjahr 31: Wenn man 31 ist, wird das Profektionshaus 8 aktiviert, das in Willem-Alexanders Horoskop mit dem Zeichen Zwillinge zusammenfällt. Selbstverständlich denkt man bei einer Liebesbekanntschaft nicht so schnell an das 8. Haus, das in der Klassischen Astrologie als problematisch bekannt ist. Tatsächlich gab es ein Riesenproblem: Wie auch schon die Ehen vorheriger Generationen des Hauses Oranien-Nassau war diese Verbindung höchst umstritten: Máximas Vater, Jorge Horacio Zorreguieta war ein Mitglied des Videla-Regimes, einer Militärdiktatur, die Argentinien von 1976 bis 1983 regierte. Dank des diplomatischen Geschicks des damaligen niederländischen Ministerpräsidenten Wim Kok stimmte das Parlament der Ehe jedoch zu. Allerdings mussten Máximas Eltern der königlichen Hochzeit fernbleiben. Máxima wurde relativ schnell zum beliebtesten Mitglied des niederländischen Königshauses und davon hat Willem-Alexander sehr profitiert!

Viel wichtiger als der Jahresherrscher Merkur ist allerdings, dass in Alexanders 8. Haus der Liebesplanet Venus steht und dass zudem am Tag der Begegnung in Sevilla die Transit-Venus eine Konjunktion mit Alexanders Geburtsvenus machte!

Interessant ist auch, dass in Willem-Alexanders Horoskop die Sonne am Deszendenten, an der Spitze des Partnerschaftshauses, steht. Die Sonne ist Herr von 10 und betont die öffentliche Wichtigkeit dieser Partnerschaft.

Zusammenfassung: Ein schönes Beispiel für die Regel des hellenistischen Astrologen Vettius Valens: Planeten im Profektionshaus haben Vorrang vor dem Jahresherrscher! Venus ist zweimal wichtig: als Planet im Jahreshaus und als Transitplanet.

Angela Merkel – Bundeskanzlerin von Deutschland

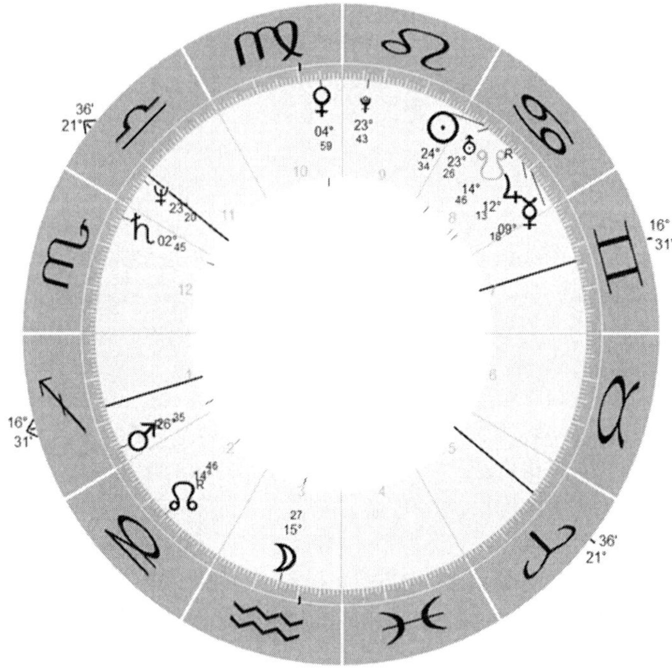

Abbildung 16: Angela Merkel: 17.7.1954, 18h00 MEZ, Hamburg, Aszendent Schütze (Rodden Rating B)

Vorweg: Viele moderne Astrologen erklären Merkels glänzende politische Laufbahn aus dem Neptun direkt am MC. Aber meines Erachtens kann der ungreifbare, wenig konkrete Neptun dafür kaum zur Verantwortung gezogen werden. Vielmehr ist es einer der wichtigsten und günstigsten Fixsterne an unserem Himmel, der Merkel eine steile Karriere verspricht: *Spica* (α Virginis, auf 23° Waage), ebenfalls an Merkels MC.

Betrachten wir anhand der Profektionen einige Stationen in ihrer langen Karriere:

Profektionsjahr 2000–2001: Angela Merkel übernimmt den CDU-Vorsitz. Sie ist 46 Jahre alt, die Jahresprofektion erreicht das Haus 11 im Zeichen Waage. Hier steht das MC, in Konjunktion mit dem überaus günstigen Fixstern Spica. Jahresherrscher Venus steht in Haus 10, einem Eckhaus (Karriere).

Profektionsjahr 2005–2006: Kanzleramt 1 ab 2005 (GroKo). Angela Merkel ist 51 Jahre alt, die Jahresprofektion erreicht das Haus 4 im Zeichen Fische. Jahresherrscher Jupiter steht zwar im ungünstigen Haus 8, aber dennoch hilfreich, weil erhöht im Krebs, als Tagplanet in einem Taghoroskop. Dazu bildet er eine Konjunktion mit dem hellsten Stern an unserem Himmel: dem Hundsstern *Sirius* (Alpha Canis Maioris, auf 14° Krebs): Bedeutung: Ruhm, Ehre! Zudem bildet Jupiter ein Sextil zur wichtigen MC-Herrscherin, der Wohltäterin Venus (Arbeit in der Außenwelt, Karriere). Besonders begünstigt aber die im gegenüberliegenden Haus 10 stehende Venus ihren Aufstieg zur Kanzlerin.

Profektionsjahr 2009–2010: Kanzleramt 2 (Schwarz-gelbe Koalition). Angela Merkel ist 55 Jahre alt, die Jahresprofektion erreicht das Haus 8. Darin befinden sich Sonne, Merkur, Jupiter – allesamt Tagplaneten in einem Taghoroskop. Jahresherrscher ist der Mond: Das Volk liebt sie (Mutti Merkel). Trotzdem ist es ein schwieriges Jahr (Haus 8): Die Folgen der Wirtschafts- und Bankenkrise sowie die zunehmenden Probleme in der Eurozone nahmen einen breiten Raum im Handeln der Koalition ein.

Profektionsjahr 2018–2019: Angela Merkel ist 64 Jahre alt, die Jahresprofektion erreicht das Haus 5 im Zeichen Widder. Jahresherrscher ist Mars. Nach großen Verlusten der Unionsparteien bei den Landtagswahlen 2018 in Bayern und Hessen hat Merkel am 29. Oktober 2018 in einer Präsidiumssitzung angekündigt, nicht mehr für das Amt der CDU-Vorsitzenden zu kandidieren und nach Ende der Legislaturperiode im Jahr 2021 das Amt der Bundeskanzlerin nicht erneut anzustreben – rückläufiger Mars in Haus 11.

Profektionsjahr 2019–2020: Angela Merkel ist 65 Jahre alt, die Jahresprofektion erreicht das Haus 6 im Zeichen Stier. Es ist das Haus der Krankheit, welches zusätzlich durch den gegenüberliegenden

Saturn Dramatik erhält. In den Medien werden Zitteranfälle während offizieller Auftritte bekannt. In der zweiten Hälfte dieses Profektionsjahres beherrscht die Coronapandemie (Haus 6) weltweit das Leben.

Zusammenfassung: In den hier geschilderten Jahren zeigt sich wieder die Qualität des Jahresherrschers. Außerdem können Planeten im gegenüberliegenden Haus eine Angelegenheit begünstigen oder behindern.

Sebastian Kurz – Bundeskanzler von Österreich

Sebastian Kurz ist der amtierende Bundeskanzler Österreichs und mit 34 Jahren (Stand 2020) einer der jüngsten Regierungschefs der Welt.

In seinem Horoskop fällt der gut gestellte Mond auf, der ja bei einer Führungspersönlichkeit (das Volk!) sehr wichtig ist. Er steht nicht nur im glücklichen Haus 11, sondern auch in seiner Sektion: Als Nachtplanet in einem Nachthoroskop steht er oberhalb der Horizontlinie.

Er ist äußerst beliebt beim Volk, verfügt über ein ausgezeichnetes Netzwerk an loyalen Mitarbeitern (Mond in Haus 11), ist ein fleißiger und bemühter Arbeiter und versucht, alles richtig zu machen (Jungfrau-Sonne). Er wird europaweit als großes politisches Talent bezeichnet. Mond in Zwillinge zeigt sein rhetorisches Talent, ebenso Merkur in Haus 1. Merkur und Sonne stehen in gegenseitiger Rezeption: Erfolg durch eloquentes Auftreten. Seine Partei, die ÖVP, führt er mit einer strengen »Message Control«, der sich selbst altgediente Partei-Granden widerspruchslos unterordnen.

Der Mond ist eingebunden in ein enges T-Quadrat Mond-Sonne-Saturn – alle drei Planeten sind stark, weil in ihrer Sektion!

Dieses T-Quadrat zeigt deutlich, dass er politisch immer wieder in ein großes Spannungsfeld gerät, welches er aber souverän mit seiner charmanten und ruhigen Art (Haus 10 und Haus 3 Venus in Waage, MC im Stier) meistert.

Wiederholungen bei der Jahresprofektion: Die Konstellation des T-Quadrats

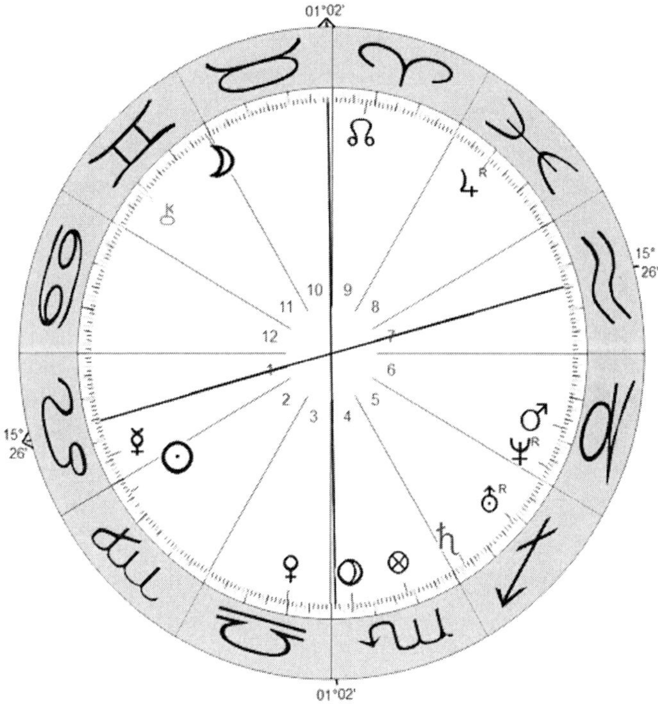

Abbildung 17: Sebastian Kurz, 27.8.1986, 4h30, Wien (A), Aszendent Löwe (Rodden Rating C)

Mond-Sonne-Saturn kommt immer wieder zur Auslösung, insbesondere in den Jahren 2011, 2014, 2020.

Betrachten wir nun mit den Profektionen einige wichtige Stationen seiner steilen Politkarriere.

Jahresprofektion 2009–2010: Sebastian Kurz ist 23 Jahre alt, die Jahresprofektion erreicht das 12. Haus. Jahresherrscher ist der Mond in Haus 11. Er wird Chef der ÖVP-Parteijugend und beginnt, noch weitgehend im Verborgenen (Haus 12), Netzwerke der Macht aufzubauen.

Hier zeigt sich, wie entscheidend die Qualität des Jahresherrschers ist.

Jahresprofektion 2010–2011: Sebastian Kurz ist 24 Jahre alt, die Jahresprofektion erreicht das 1. Haus. Ein neuer Profektionszyklus beginnt. Einstieg in die Politiklaufbahn: Er übt sein erstes politisches Mandat als Mitglied im Wiener Gemeinderat und Landtag aus. Im Haus 1 befindet sich Merkur, der in gegenseitiger Rezeption mit Jahresherrscher Sonne steht.

Wiederum ist die Qualität des Jahresherrschers wichtig. Zudem beginnt mit dem 24. Lebensjahr ein neuer Profektionszyklus, der oft eine Lebenswende anzeigt.

Jahresprofektion 2011–2012: Sebastian Kurz ist 25 Jahre alt, die Jahresprofektion erreicht das 2. Haus. Kurz wird erstmals Regierungsmitglied. Er bekleidet von 2011–2013 das Amt des Staatssekretärs für Integration in der Bundesregierung Faymann 1. Hier baut er seine Popularität mit einer migrationsfeindlichen Agenda auf und zieht Wählerschichten der rechten FPÖ auf seine Seite. Die Sonne (Erfolg) in Haus 2 ist hier, gemäß Vettius Valens, definitiv wichtiger als Jahresherrscher Merkur. Jupiter im Domizil begünstigt diesen Schritt trotz Rückläufigkeit: Er steht der Sonne und dem 2. Haus gegenüber. Das T-Quadrat Sonne-Saturn-Mond wird ausgelöst. Es steht im Zusammenhang mit besonderen Aufgaben: Erfolg beim Wahlvolk, Verantwortung.

Planeten im Haus haben manchmal Vorrang vor dem Jahresherrscher. Wenn im gegenüberliegenden Haus des Jahreshauses ein Planet steht (in diesem Fall der Wohltäter Jupiter), nimmt dieser Einfluss auf das Geschehen!

Jahresprofektion 2013–2014: Sebastian Kurz ist 27 Jahre alt, die Jahresprofektion erreicht das 4. Haus. Der Aufstieg geht weiter: Kurz wird von 2013-2017 Bundesminister für europäische und internationale Angelegenheiten bzw. für Europa, Integration und Äußeres. Das 4. Haus ist ein Eckhaus, welches Ergebnisse sichtbar macht. Jahresherrscher ist Mars. Er wirkt unterstützend, weil in seiner Erhöhung und als Nachtplanet in einem Nachthoroskop. Aber er zeigt auch Probleme an: Er hatte Konflikte mit der SPÖ wegen seiner ambivalenten Europa-Haltung.

Erreicht die Jahresprofektion ein Eckhaus, werden Dinge sichtbar.

Jahresprofektion 2017–2018: Sebastian Kurz ist 31 Jahre alt, die Jahresprofektion erreicht das 8. Haus. Das 8. Haus zeigt Schwierigkeiten an, die Kurz aber dank des Jahresherrschers Jupiter im

Domizil (trotz Rückläufigkeit) auf seine Art meisterte. Die Sonne steht gegenüber, also stehen die Zeichen auf Erfolg. Zunächst entmachtete er brutal den amtierenden Obmann der Bundes-ÖVP und übernahm quasi diktatorisch die Parteiführung (Message-Control). Da die Umfragewerte der ÖVP damals im Keller waren, wurden alle seine Vorgaben von den Partei-Gremien gebilligt. Auf diese Weise errang er bei den anstehenden Wahlen zum Nationalrat einen überwältigenden Wahlerfolg, der ihm das Amt des Bundeskanzlers brachte (ab 18.12.2017).

Ein gut gestellter Planet im Haus kann ein schwieriges Haus abmildern. Zusätzlich können Wohltäter oder die Sonne, die dem Profektionshaus gegenüberstehen, dennoch für Erfolg sorgen.

Jahresprofektion 2018–2019: Sebastian Kurz ist 32 Jahre alt, die Jahresprofektion erreicht das 9. Haus. Das Thema des Jahres lautet Auslandsaufenthalt. Jahresherrscher ist Mars (Rebellion und Aggression). Kurz weilt viel in Brüssel und Straßburg, weil Österreich im 2. Halbjahr den EU-Ratsvorsitz innehat. Auf den Straßen wird regelmäßig gegen die Regierung ÖVP/FPÖ demonstriert. Die Proteste brauchen ihn angesichts glänzender Umfragewerte nicht zu interessieren.

Venus steht dem Profektionshaus gegenüber. Das bedeutet weiter Erfolg.

Jahresprofektion 2019–2020: Sebastian Kurz ist 33 Jahre alt, die Jahresprofektion erreicht das 10. Haus. Die Karriere des Sebastian Kurz geht unaufhaltsam weiter. Obwohl dieses Jahr mit dem Bruch der Koalition schwierig beginnt und die Regierung durch einen Misstrauensantrag im Parlament abgewählt wird, geht Kurz aus den daraus folgenden Wahlen erneut siegreich hervor, bleibt Bundeskanzler und koaliert nun mit den Grünen.

Jahresherrscher ist Venus, was seinen Erfolg auch in diesem Jahr begünstigt.

Venus im Domizil als Jahresherrscher bringt Erfolg.

Jahresprofektion 2020--2021: Sebastian Kurz ist aktuell 34 Jahre alt, die Jahresprofektion erreicht das 11. Haus. Erneut wird das T-Quadrat Sonne-Saturn-Mond ausgelöst. Doch diesmal scheint es ernste Schwierigkeiten zu geben. Warum? Gegenüber im Haus 5 steht Saturn, der in diesem Jahr seinen negativen Einfluss zeigen wird. Die weltweite Coronakrise verlangt dem jungen Kanzler und seinem Team sehr viel ab. Saturn ist als Tagplanet in einem Nachthoroskop nicht hilfreich. Noch hält sich der junge Kanzler gut. Die Umfragewerte sind hoch. Man wird sehen, wie er mit seinem Team mit den Auswirkungen des Lockdowns, der Arbeitslosigkeit und dem wirtschaftlichen Niedergang klarkommen wird.

Übeltäter in Opposition zum Jahres-Profektionshaus lassen meist ein schwieriges Jahr erwarten. Stehen also Mars oder Saturn oder beide im Haus gegenüber, muss man mit Stillstand und Behinderungen (Saturn) bzw. mit Abbruch, Trennung, Konflikten, mit einem Ende (Mars) rechnen.

Vorschau Jahresprofektion 2021–2022: Sebastian Kurz ist 35 Jahre alt, die Jahresprofektion wird das 12. Haus erreichen. Jahresherrscher Mond ist in die Spannung des T-Quadrats Sonne-Saturn-Mond eingebunden. Mars steht im Haus 6 gegenüber. Das ist meistens ein sicheres Zeichen dafür, dass etwas zu Ende geht. Im Mai 2021 geht zudem Transit-Mars über das Profektionshaus 12 und wird in Opposition zum Radix-Mars stehen. Man darf gespannt sein.

Firdaria

Firdaria sind ursprünglich eine arabische Prognosemethode. Der Begriff stammt von *Fardar*, was in etwa *Periode* bedeutet. Es geht um eine Abfolge von Lebensphasenherrschern, die sowohl über bestimmte Lebensperioden als auch innerhalb dieser Perioden über weitere Unter-Perioden herrschen.

Sonne, Mond, die fünf antiken Planeten sowie der aufsteigende und der absteigende Mondknoten beherrschen nacheinander die ersten 75 Lebensjahre (0–74) eines Menschen. Lebt er länger, dann fängt ein neuer Firdaria-Zyklus wieder von Neuem an.

Zur Bestimmung der Firdaria ist es wichtig zu wissen, ob der/die Geborene ein Tag- oder ein Nachthoroskop hat. (Taggeburt: Sonne über dem Horizont; Nachtgeburt: Sonne unter dem Horizont.)

Bei einer Taggeburt ist die Abfolge der Perioden folgende:

Planet	**Lebensjahre**
Sonne	10 (0–9)
Venus	8 (10–17)
Merkur	13 (18–30)
Mond	9 (31–39)
Saturn	11 (40–50)
Jupiter	12 (51–62)
Mars	7 (63–69)
aufsteigender Mondknoten	3 (70–72)
absteigender Mondknoten	2 (73–4)

Bei einer Nachtgeburt ist die Abfolge der Perioden:

Planet	Lebensjahre
Mond	..9 (0–8)
Saturn	11 (9–19)
Jupiter	12 (20–31)

Mars	..9	(32–38)
Sonne	10	(39–48)
Venus	..8	(49–56)
Merkur	13	(57–69)
aufsteigender Mondknoten	..3	(70–72)
absteigender Mondknoten	..2	(73–4)

Mit Ausnahme der beiden Perioden der auf- und absteigenden Mondknoten wird jede Periode in sieben Unterperioden aufgeteilt, die innerhalb jeder Periode gleich groß sind. Jede Unterperiode wird von einem antiken Planeten mitbeherrscht. Die erste Unter-Periode untersteht immer dem gleichen Planeten, der die Hauptperiode mitbeherrscht, sodass beispielsweise die Mars-Periode folgende Unterperioden hat:

Mars – Mars
Mars – Sonne
Mars – Venus
Mars – Merkur
Mars – Mond
Mars – Saturn
Mars – Jupiter

Die Dauer der Unter-Perioden ist in jeder Hauptperiode wieder anders, weil, wie wir gesehen haben, die Hauptperioden nicht gleich lang sind.

Die Dauer der Unterperioden beträgt in der:

Saturn-Hauptperiode:	1 Jahr, 6 Monate und 26 Tage
Jupiter-Hauptperiode:	1 Jahr, 8 Monate und 17 Tage
Mars-Hauptperiode:	1 Jahr
Sonne-Hauptperiode:	1 Jahr, 5 Monate und 4 Tage
Venus-Hauptperiode:	1 Jahr, 1 Monat und 22 Tage
Merkur-Hauptperiode:	1 Jahr, 10 Monate und 9 Tage
Mond-Hauptperiode:	1 Jahr, 3 Monate und 13 Tage.

Weil die Berechnung kompliziert ist, gibt es im Internet einen Online-*Firdaria-Rechner*, mit dem man für jede Geburt zwischen 1910 und 2009 eine individuelle Tabelle der Firdaria-Daten berechnen lassen kann. Sie finden den Rechner unter folgender Adresse: http://firdaria.com/calculator.php

Es gibt noch einen zweiten Rechner, der die Firdaria zwischen 1800 und 2099 berechnet, und zwar unter folgender Adresse:

horoscopes.astro-seek.com/firdaria-astrology-calculator

Beachten Sie, dass Sie vor der Berechnung angeben, ob es ein Tag- oder ein Nachthoroskop ist!

Robert Hand schrieb über das System der Firdaria im Internet einen interessanten Artikel. In diesen Artikel kopierte er u.a. die Deutungen aller Perioden und Unterperioden des berühmten Nürnberger Astrologen Johannes Schöner (1477–1547). Leider ist der Artikel derzeit im Internet nicht mehr verfügbar. Es ist anzuraten, bei Interesse regelmäßig auf Robert Hands Webseite vorbeizuschauen (https://www.arhatmedia.com/main.html).

Ein Beispiel für eine Deutung nach Schöner: Was kann der Geborene während einer Sonnen-Periode mit der Unterperiode Venus erwarten?

Sonne/Venus: Bei Taggeburten wird der Native durch sein äußeres Auftreten erhöht werden; er wird seine Eltern lieben und achten; er wird, wenn es passend ist, heiraten, wenn es Anzeichen im Geburtshoroskop dafür gibt. Eventuell wird er eine Reise machen oder einer seiner Verwandten wird ihn auf eine Reise mitnehmen, eine Schwächung an verborgenen Körperteilen wird ihm zustoßen.

Bei einer Nachtgeburt zeigt diese Kombination an, dass er Schwierigkeiten entkommen wird, wenn er in solchen war; er wird wohlhabender werden, sich seiner Frau und Kinder glücklich schätzen; er wird schöne Dinge machen oder Erbeigentümer erstehen; er wird Gutes tun und den Armen geben; er wird gewinnbringende Reisen unternehmen und eventuell aus religiösen Gründen geehrt werden; er kann Beeinträchtigungen seiner Genitalien erleiden.

Allerdings sind die Deutungen Schöners mit Vorsicht zu genießen, denn die Firdariamethode wird nach meiner Erfahrung erst interessant, wenn sie *individualisiert* wird. Diese Individualisierung findet durch die Stellung der Planeten und Mondknoten im individuellen Horoskop statt, also durch ihre Stellung in den *Zeichen*, den *Häusern* und den damit verbundenen *Würden* sowie den Aspekten. Aktuelle Transite über die Planeten und Mondknoten können ebenfalls noch berücksichtigt werden, sodass bei der Betrachtung der Firdaria ein sehr differenziertes und individuelles Bild entstehen kann.

Sinnvoll können die Firdaria vor allem deshalb sein, weil sie zeigen, welche Planeten im Horoskop in einer betreffenden Lebensphase stärker in den Vordergrund treten.

Firdaria – Beispiele

John Jacob IV Astor war ein amerikanischer Multimillionär, der mit seiner Frau Madeleine die Jungfernfahrt der Titanic aus Europa nach New York machte.

Gut zwei Stunden nach der Kollision mit dem Eisberg (14. April 1912, 23.40 Uhr) half der 47-jährige Astor seiner 18-jährigen und im fünften Monat schwangeren Frau ins Rettungsboot Nr. 4. Weil es dort noch genügend Platz gab, bat Astor den zuständigen Offizier, sich seiner Frau anschließen zu dürfen, weil sie »in besonderen Umständen« war. Dies wurde ihm aber nicht erlaubt: »Women and children first!« Anschließend zündete Astor sich eine Zigarette an und warf Madeleine wegen der klirrenden Kälte seine Handschuhe zu. Madeleine berichtete später über die letzten Worte, die Astor geäußert haben soll: »Die See ist ruhig, mir wird nichts geschehen. Wir sehen uns morgen in New York.«

Überlebende erzählten später, dass Astor sich in den letzten Stunden vor dem Untergang der Titanic seinen Mitpassagieren gegenüber besonders höflich und korrekt benommen hatte und sehr hilfsbereit war. 25 Minuten, nachdem Boot 4 zu Wasser gelassen

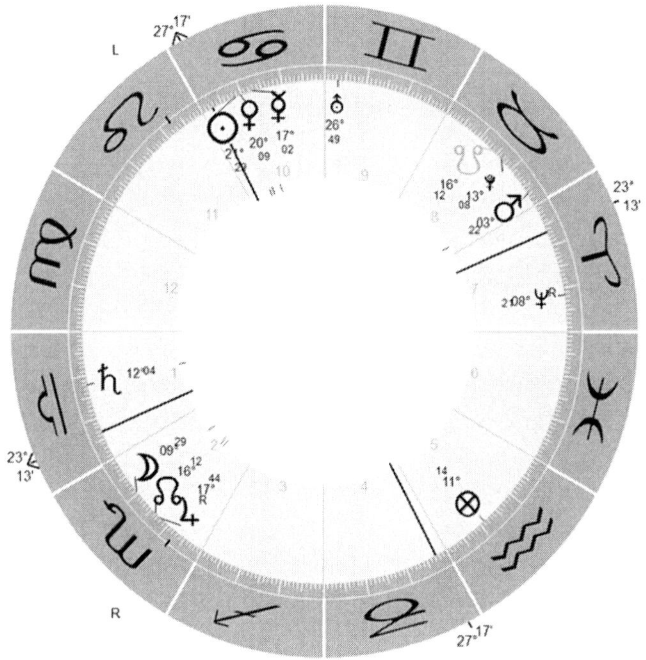

Abbildung 18: John Jacob Astor IV & Madeleine Astor, John Jacob Astor IV. 13.7.1864, 12h30 LMT, Rhinebeck (New York), Aszendent: Waage (Rodden Rating C), Firdaria am 15.4.1912:

worden war, ging die *Titanic* unter. Der vordere Schornstein brach dabei ab und erschlug im Wasser viele Passagiere, darunter vermutlich auch Astor, dessen Leiche nach einer Woche im Meer gefunden wurde. Später erzählte Madeleine, dass in Boot 4 bestimmt noch 15 Plätze leer geblieben waren.

Astors Firdaria, als er starb: Hauptperiode: Saturn, Unterperiode Venus. In Astors Horoskop steht Saturn sehr stark: im 1. Haus in Waage in seiner Erhöhung. Das erklärt Astors innere Sicherheit und Standfestigkeit in seinen letzten Stunden. Aber … Venus ist nicht nur Herrscher von 1, sondern auch von Haus 8 (Tod).

In Astors Horoskop ist das 10. Haus in Krebs stark besetzt: Neben der Sonne stehen dort auch Merkur und Venus. Das Wasserzeichen Krebs vertritt in der Astrologie insbesondere das Meer, in diesem Fall den Atlantik. Venus in Krebs bewirkte, dass Astor seiner Partnerin gegenüber sehr sorgsam und gefühlvoll war. Venus im 10 Haus: Partnerschaft soll sich auch in der Öffentlichkeit bewähren! Damit hat sich der anfängliche Skandal, dass ein 47-jähriger Mann in zweiter Ehe eine 18-jährige heiratet, in Bewunderung verwandelt.

Ein stark besetztes Zeichen Krebs macht den Geborenen oft humorvoll: Als während der Kollision mit dem Eisberg sehr viel Eis auf das Deck stürzte, sagte Astor, der im Rauchersalon einen Whisky mit Eis bestellt hatte: »So viel Eis ist wirklich übertrieben.«

Als Astor starb, war das 12. Haus (Verlust!) sein Profektionshaus und Merkur im Wasserzeichen (!) Krebs der Jahresherrscher!

Madeleine, geboren am 19.6.1893 in New York City, war 29 Jahre jünger als ihr Mann. (Leider kennen wir ihre Geburtszeit nicht.) Erfahrene Astrologen denken jetzt sofort an Saturns 29-jährige Umlaufzeit um die Sonne. Und tatsächlich wurde Madeleine geboren, als ihre Sonne ebenfalls in Waage stand, in einer (weiten) Konjunktion mit dem Saturn ihres Mannes. (Madeleine: Saturn auf 6° Waage, Astor: Saturn auf 12° Waage). Zweimal Saturn in der Erhöhung: Das weist zweifellos auf eine sehr positive saturnische Seelenverbindung! Die beiden Eheleute kannten ihre gegenseitigen Pflichten und ihre Verantwortung. Zudem: Genauso wie ihr Mann hatte Madeleine sowohl Merkur als auch Venus in Krebs!

Fazit: Trotz Altersunterschied: eine zweifellos gute Ehe! Am 14. August 1912 kam Madeleines erster Sohn zur Welt. Ihr weiteres Eheleben war schwierig: Sie heiratete noch zweimal und ließ sich beide Male scheiden. Sie starb 1940 an einem Herzanfall, als sie erst 46 Jahre war.

Joe Biden

Firdaria: Merkur-Venus (siehe Horoskop Seite 20).
Am 18.12.1972 hatte Bidens Frau einen schweren Auto-Unfall. Sie und ihre Tochter starben, die beiden Söhne wurden schwer verletzt. Bidens Firdaria: Hauptperiode: Merkur, Unterperiode: Venus. Merkur ist Herrscher 7 (Partner) und ist ungünstig gestellt: im 12. Haus (Verlust) und auf dem bösen Fixstern *Unukalhai* (α *Serpentis*), mit folgender Bedeutung: gewalttätiger Tod, Unfälle, Vernichtung. Das 7. Haus ist in diesem Jahr übrigens auch Bidens Profektionshaus!

Zudem ist auch Venus ungünstig gestellt: im 12. Haus und im Exil.

Willy Brandt

Als Bundeskanzler der Bundesrepublik Deutschland legte Willy Brandt am 7. Dezember 1970 unmittelbar vor der Unterzeichnung des Warschauer Vertrags zwischen Polen und Deutschland am Ehrenmal der Helden des Ghettos in Warschau einen Kranz nieder. Nach dem Richten der Kranzschleife blieb er nicht wie üblich stehen, sondern sank auf die Knie und verharrte so schweigend etwa eine halbe Minute.

Dieser Kniefall von Warschau wurde weltweit bewundert und war eine Demutsgeste mit der Bitte um Vergebung für die deutschen Verbrechen des Zweiten Weltkriegs.

Der Journalist Hermann Schreiber, der in Warschau Zeuge des Kniefalls war, schrieb eine Woche später im Nachrichtenmagazin DER SPIEGEL:

> Wenn dieser nicht religiöse, für das Verbrechen nicht mitverantwortliche Mann nun dennoch auf eigenes Betreiben seinen Weg durchs ehemalige Warschauer Ghetto nimmt und dort niederkniet – dann kniet er da also nicht um seinetwillen. Dann kniet er, der das nicht nötig hat, da für alle, die es nötig haben, aber nicht da knien – weil sie es nicht wagen oder nicht können oder nicht wagen können. Dann bekennt er sich zu einer Schuld, an

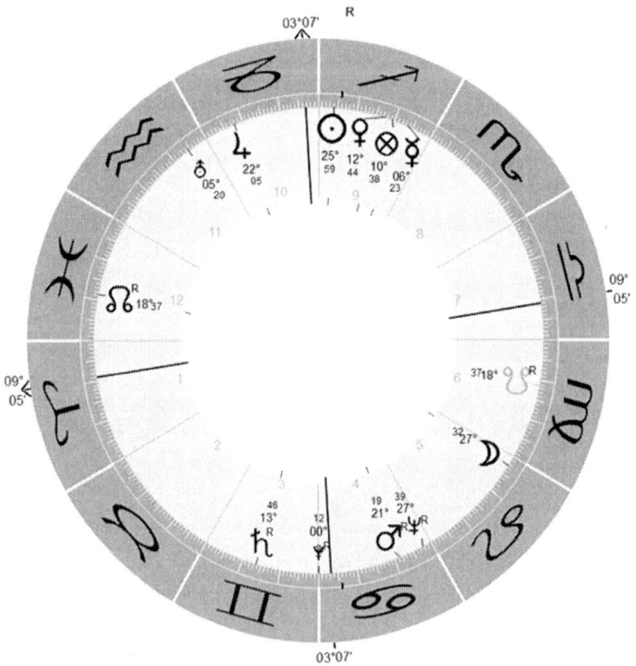

Abbildung 19: Willy Brandt, 18.12.1913, 12h45, Lübeck, Aszendent Widder, (Rodden Rating AA) Firdaria am 7.12.1970: Jupiter-Venus

der er selber nicht zu tragen hat, und bittet um eine Vergebung, derer er selber nicht bedarf. Dann kniet er da für Deutschland."

Die Firdaria jener Periode, in der dieses Ereignis stattfand: Hauptperiode Jupiter, Unterperiode Venus.

Es geht hier um die beiden Wohltäter in der Klassischen Astrologie. Jupiter in Brandts 10. Haus: Dieser Kniefall hat Deutschlands Ruf in der Welt sehr gutgetan. Venus in 9: Der Kniefall war ein Demutsgeste dem Ausland und der Welt gegenüber.

In Brandts Horoskop stehen Venus und Jupiter in einer gegenseitigen Rezeption: Venus im Domizil Jupiters und Jupiter in der Triplizität von Venus.

Diana

Firdaria am 31.8.1997: Mond-Sonne (siehe Horoskop auf Seite 21).
Am 31. 8.1997 starb Prinzessin Diana nach einem Autounfall in Paris. Ihre Firdaria-Hauptperiode: Mond, Unterperiode: Sonne. Der Mond ist in Dianas Horoskop der Herrscher des 8. Hauses: Tod! Die Sonne steht in ihrem Todeshaus 8! Der Mond steht im 3. Haus: Unfall mit einem Auto. Die Sonne ist Herrin von 9: Ausland (Paris)!

In meinem Buch *Traditionelle Horoskpdeutung* behandle ich Dianas Todessolar.

Adolf Eichmann

Firdaria am 11.5.1960: Venus-Venus (siehe Horoskop auf Seite 23).
Am 11. Mai 1960 wurde der Kriegsverbrecher Adolf Eichmann in Argentinien von einer israelischen Fahndungsgruppe festgenommen und nach Israel gebracht, wo er nach einem Prozess zum Tode verurteilt wurde. Laut Firdaria beherrschte am 11. Mai 1960 Venus sowohl die Haupt- als auch die Unterperiode. Venus ist in Eichmanns Horoskop sowohl Herrin 1 (Eichmann selbst) als auch Herrin 8 (Tod). Venus steht an der Spitze von Haus 7 – öffentliche Feinde – und steht in gegenseitiger Rezeption mit Haus 7 Mars in 8.

Joachim Löw

Firdaria am 13.7.2014: Jupiter-Sonne (siehe Horoskop auf Seite 34).
Am 13. Juli 2014 wurde Bundestrainer Joachim Löw mit der deutschen Fußballmannschaft Weltmeister. Hauptperiode: Jupiter, Unter-Periode: Sonne. Im Kapitel über die Profektionen haben wir schon gesehen, dass Jupiter Löws Horoskopherrscher ist. Die Sonne steht sehr dominierend direkt am MC (Ruhm!); der nächste Aspekt der Sonne ist das Sextil zu Jupiter.

Angela Merkel

Firdaria am 22.11.2005: Jupiter-Jupiter (siehe Horoskop auf Seite 42).
Als Merkel am 22. November 2005 zur ersten weiblichen deutschen Bundeskanzlerin gewählt wurde, beherrsche Jupiter sowohl die Firdaria-Hauptperiode als auch die -Unterperiode. Es ist gut verständlich, dass Merkel gerade in dieser Periode den Gipfel ihrer Karriere erreichte! Lesen Sie bitte, was ich oben über Merkels Jupiter geschrieben habe.

Erik van Slooten

Firdaria in 1969: Mars-Jupiter (siehe Horoskop auf Seite 39).
Im Alter von 69 Jahren erlitt ich einen Schlaganfall, von dem ich inzwischen hundertprozentig geheilt bin. Später sagten mir meine Ärzte, nachdem sie sich die Bilder der Kernspintomografie angesehen hatten, dass der Unterschied zwischen Leben und Tod bei mir 2 Millimeter (!) betragen habe. Ich hatte also unglaublich viel Glück gehabt. Meine Firdaria in diesem Jahr: Hauptperiode Mars, Unterperiode Jupiter. Der Übeltäter Mars steht zweifellos für den Schlaganfall. Und der große Wohltäter Jupiter, der in meinem Horoskop in Krebs erhöht ist, steht wahrscheinlich für das große Glück, das ich dabei hatte!

König Willem-Alexander

Firdaria am 2.2.2002: Mars-Venus und am 30.4.2013: Sonne-Saturn (siehe Horoskop auf Seite 40).
Als Willem-Alexander am 2. Februar 2002 seine Máxima heiratete, hatte er folgende Firdaria: Hauptperiode Mars, Unterperiode Venus. Sehr treffend, denn in Willem-Alexanders Horoskop ist Mars Herrscher 1 (Willem-Alexander selbst) und Venus Herrin 7 (Máxima)! Am 30. April 2013 wurde Willem-Alexander zum König gekrönt. Seine damaligen Firdaria: Hauptperiode: Sonne, Unterperiode Saturn.

Die Sonne ist das allgemeine Symbol für Könige und Saturn zeigt, dass Willem-Alexander mit seiner Krönung eine große Verantwortung und Pflicht auf sich nahm!

Die Saturnrückkehr klassisch

Über Saturns Rückkehr an seinen Radix-Ort wurde schon sehr viel geschrieben, aber kaum aus traditioneller Sicht.

Die Saturnrückkehr im Allgemeinen

Die erste Rückkehr um das 29. Lebensjahr und die zweite etwa um das 59. Jahr teilen das menschliche Leben in drei äußerst wichtige Abschnitte. (Die dritte Rückkehr erleben die meisten Menschen nicht oder an ihrem Lebensende.) Der amerikanische Astrologe Stephen Arroyo hat diese drei Lebensabschnitte sehr schön auf den Punkt gebracht: »Im ersten Abschnitt werden wir *geboren*, im zweiten *leben* wir und im dritten *sterben* wir.« Arroyo meint, dass wir in der Zeitspanne bis zu unserem 29. Lebensjahr damit zubringen, uns auszubilden, uns einen Lebenspartner zu suchen, usw. Zwischen der 1. und 2. Saturnrückkehr stehen wir im vollen Leben und leben und arbeiten mit dem, was wir im ersten Abschnitt errungen haben. Im dritten Abschnitt haben wir die Aufgabe, zu lernen, dass wir vieles allmählich nicht mehr so schnell und gut können wie früher, dass wir bestimmte Dinge, beispielsweise unseren Beruf, abgeben sollten.

Obwohl die Saturnrückkehr beide Male nicht selten als Krise erlebt wird, führt eine gute Bewältigung dieser Krisen dazu, dass der Mensch sich nachher fühlt wie ein Baum, der stark zurückgeschnitten wurde, damit er wieder weiterwachsen kann.

Klienten, die um die erste Saturnrückkehr zu einer Radix-Beratung kommen, kämpfen oft mit dem Problem, dass sie sich noch nicht richtig von den Eltern abgenabelt haben und diese noch immer meinen, bestimmen zu dürfen, was ihr schon längst erwachsenes Kind zu tun und zu lassen habe. Frauen hören in diesem Alter von den Eltern nicht selten: »Wann werden wir endlich Großeltern?

So viel Zeit bleibt dir nicht mehr!« (Eigentlich meinen sie: »... bleibt *uns* nicht mehr.«) Eine gute Bewältigung der ersten Saturnrückkehr kann zu einer großen Befreiung führen.

Das gilt aber ebenso für die zweite Saturnrückkehr! Ich selbst habe mein aktives Berufsleben (ich war Gymnasiallehrer) 2002 an meinem 60. Geburtstag beendet und habe mich in meinem Leben noch nie so frei gefühlt wie seither. Wer diese zweite Rückkehr gut bewältigt, stürzt nicht in ein schwarzes Loch, sondern ist, wenn die Gesundheit mitspielt, in der Lage, sein Leben fast nur noch mit Dingen zu füllen, die er selbst für angenehm und nützlich hält.

Fazit: Sehen Sie die Saturnrückkehr vielmehr als Chance und weniger als eine Krise!

Die Saturnrückkehr aus klassischer Sicht

1. Die Saturnrückkehr ist spürbar, solange sich der transitierende Saturn im Zeichen (= Haus), in dem sich der Radix-Saturn befindet, aufhält. Eine Rückkehr dauert also etwa 2 ½ Jahre. Saturn nimmt sich immer Zeit! Steht also Ihr Radix-Saturn in den Zwillingen, beginnt die zur Beobachtung stehende Periode der Saturnrückkehr dann, wenn der transitierende Saturn in das Zeichen Zwillinge eintritt, und sie endet, sobald er das Zeichen Zwillinge wieder verlässt – inklusive einer eventuellen Rückläufigkeit. Aber selbstverständlich wirkt sich die Saturnrückkehr vor allem verstärkt aus, wenn Saturn exakt über dem Geburtssaturn transitiert.

2. Die Saturnrückkehr kann sich auf Geborene mit einem Taghoroskop positiver als auf Geborene mit einem Nachthoroskop auswirken. Weil Saturn ein Tagplanet ist, kann er in Taghoroskopen positiver funktionieren, insbesondere wenn er über dem Horizont steht. In Nachthoroskopen manifestiert er sich nicht selten als schwieriger, was sich während seiner Rückkehr für den Geborenen deutlich auswirken kann. Die positiven Manifestationen Saturns: Bewusste Konzentration auf die betroffenen Themen, Vertiefung, das Über-Bord-Werfen von Ballast, Neuordnung eines Lebensbereiches usw. Die negativen Manifestationen sind: Erstarrung,

Verschlossenheit, Depressionen, anhaltende Traurigkeit, Festhalten an alten Gewohnheiten, an Traditionen, die sich überlebt haben usw. Natürlich muss man nicht unbedingt davon ausgehen, dass die am Tag Geborenen immer besser mit einer Saturnrückkehr umgehen als die Nachtgeborenen, weil dies von weiteren Horoskopfaktoren abhängig ist.

3. Die Saturnrückkehr macht sich nicht nur bemerkbar in jenen Themen, die das Haus, in dem Saturn im Geburtshoroskop steht, beherrschen, sondern auch in den Themen jener Häuser, deren Hausherr er ist. Steht Radix-Saturn beispielsweise im 7. Haus, dann wirkt sich die Rückkehr selbstverständlich auf Partnerschaftsthemen aus. Hierin unterscheidet sich die traditionelle nicht von der modernen Auffassung. Aber wenn in diesem Horoskop Saturn beispielsweise auch der Herrscher des 2. Hauses (Spitze in Steinbock) und des 3. Hauses (Spitze in Wassermann) ist, werden während der Rückkehr auch die Themen, die mit diesen Häusern verbunden werden, verstärkt in den Blickpunkt rücken: Finanzen, Besitz (2), Kommunikation, Geschwister (3) usw. Übrigens funktioniert diese Regel nach meiner Beobachtung am besten mit Ganzzeichenhäusern.

4. Insbesondere Konjunktionen, Quadrate und Oppositionen, die der transitierende Saturn mit Geburtsplaneten bildet, machen sich bemerkbar. Wenn diese Aspekte allerdings Wiederholungen von Aspekten im Geburtshoroskop sind, bewältigen bewusst lebende Geborene diese Transite oft relativ gut, weil sie in diesem Fall oft schon gelernt haben, die Probleme dieses Aspekts zu managen.

Saturnwiederkehr – Beispiele

Saturn in eigener Sache

In meinem Horoskop steht Saturn auf 9° Zwillinge in einer engen Konjunktion mit dem wichtigen Königsstern Aldebaran (*á Tauri*), der überwiegend günstig ist. Übrigens hat meine Frau, obwohl sie fast ein Jahr später geboren wurde, ihren Geburts-Saturn (nachdem er rückläufig und wieder direkt geworden war) im gleichen Grad! Es war interessant, die beiden Male, als Saturn zum Geburtsort zurückkehrte, das zusammen erleben zu dürfen. Saturn steht übrigens in meinem 7. Haus (Partnerschaft)!

Vielleicht hat Aldebaran bewirkt, dass ich die Saturnrückkehr zweimal als positiv erfahren habe. Auch meine Frau hat dazu beigetragen.

Meine (unsere) erste Saturnrückkehr war Ende Mai 1972. In diesen Tagen zeigte meine Frau mir in einer Zeitung ein Inserat, in dem ein Traumjob angeboten wurde. »Warum bewirbst du dich nicht?«, fragte sie. Ich fand das unrealistisch, weil ich mit fast hundertprozentiger Sicherheit wusste, dass ich den Job nie bekommen würde. Aber da meine Frau mir keine Ruhe ließ, bewarb ich mich und … bekam den Job, womit ich auch viel mehr verdiente, obwohl das nicht einmal meine Absicht gewesen war. Saturn ist unter anderem der Herrscher meines 2. Hauses (Geld)!

Die zweite Saturnrückkehr fand im Juli 2001 statt, als ich 59 Jahre alt wurde. Ich hatte noch immer den gleichen Traumjob, war aber daran inzwischen weniger interessiert, weil ich, als Transit-Uranus in Opposition zu meinem Geburts-Uranus stand (die sogenannte Midlife-Krise!), die Astrologie entdeckt hatte, die ich jetzt als wichtigsten Lebensinhalt betrachtete. Ich hatte mein erstes Astrologiebuch geschrieben und hatte Ideen für einige neue Bücher. »Warum gehst du nicht früher in Pension?«, fragte meine Frau. »Meines Erachtens können wir uns das finanziell durchaus leisten.« Ich fing zu rechnen an und tatsächlich: Finanziell wäre die frühere Rente möglich, allerdings nur, wenn ich noch ein Jahr arbeitete. Ein Jahr später, im Juli 2002, war ich ein freier Mann und begann mein zweites Buch zu schreiben. (Saturn ist in meinem Horoskop nicht nur Herrscher des 2. Hauses, sondern auch des 3. Hauses!)

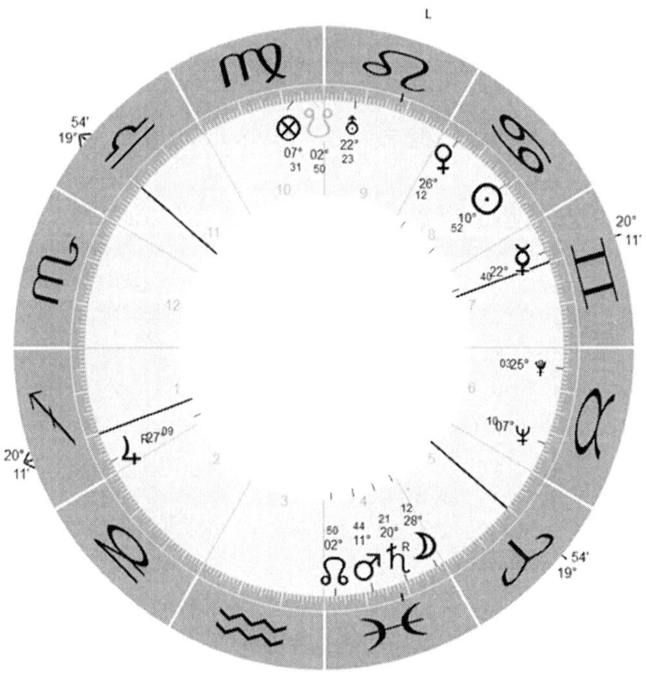

Abbildung 20: Hermann Hesse, 2.7.1877, 18h30 LMT, Calw (D), Aszendent: 20°11' Schütze (Rodden Rating AA)

Hesses Saturn steht auf 20° Fische im 4. Haus. Transit-Saturn betrat im April 1905 das Zeichen Fische und blieb dort bis März 1908, mit einer Unterbrechung von August 1905 bis Januar 1906, als er sich wieder im Wassermann aufhielt.

Transit-Saturn durch das 4. Haus: Beschäftigung mit Familie, Vergangenheit. Im Jahre 1906 erschien Hesses zweiter Roman *Unterm Rad,* in das er seine Erfahrungen aus der Schulzeit und Ausbildung und seine heftigen Auseinandersetzungen mit seinen Eltern, insbesondere mit dem Vater (Haus 4!), einfließen ließ und literarisch verarbeitete. Der Roman ist sehr autobiografisches Buch.

Insbesondere seine Zeit im Evangelischen Seminar Maulbronn wird genau beschrieben. In den beiden Charakteren Hans und Heilner erkennt man Hesse leicht wieder. Wie Heilner floh auch Hesse aus der Anstalt und wurde wieder eingefangen. Auch Heilner ist wie Hesse künstlerisch veranlagt usw. Für Hesse war das Schreiben dieses Romans eine Therapie: Er hat damit seine Suizidgedanken vertreiben können.

Auch Umwelt und Natur sind Themen des 4. Hauses: Im Jahr 1907 schloss Hesse sich auf dem Monte Verità bei Ascona der von Gusto Gräser gegründeten Künstlerkolonie an, Sitz einer lebensreformerischen Bewegung, die heute als eine der Wiegen der Friedens- und Umweltbewegungen gilt. Hier lernte er dank Gräser auch die geistige Welt des Ostens kennen. Aber auch von dieser Erfahrung kann er später Abstand nehmen, beispielsweise in seiner satirischen Erzählung *Doktor Knölgens Ende* (1910), in der Hesse zeigt, dass jeglicher Fanatismus zum Scheitern verurteilt ist, wenn er keine kritische Selbstbetrachtung erfährt.

Während der Saturnrückkehr ist ein verstärkter Fokus auf Themen des 2. und des 3. Hauses möglich, weil Saturn im Geburtshoroskop der Herrscher dieser beiden Häuser ist. Hesse lebte als freier Schriftsteller, hatte aber in diesen Jahren noch nicht die Bekanntheit, die er später erlangen würde. Er hatte 1904 geheiratet und 1906 wurde sein erster Sohn geboren. Finanzen, Geld sind mit Sicherheit ein wichtiges Thema in diesen Jahren gewesen, Geld, das er mit seiner Schreibfeder (Haus 3) verdienen musste.

Fazit: Hesses erste Saturnrückkehr scheint mir ein schönes Beispiel einer gelungenen Verarbeitung der Probleme, mit denen Hesse in Kindheit und Jugend konfrontiert worden war.

Grace Kellys erste Saturnrückkehr

In Kellys Horoskop (siehe Seite 31) steht Saturn auf 28° Schütze im 2. Haus. Ihre erste Saturnrückkehr dauerte von 11.10.1956 bis 6.1.1959.

Die sehr erfolgreiche Filmschauspielerin lernt 1955 Fürst Rainier

III von Monaco kennen, den sie in April 1956 heiratet. 1957 wird ihre Tochter Caroline geboren, 1958 folgt Sohn Albert und 1965 Stéphanie. Während Saturn durch das 2. Haus/Schütze geht, hat Fürst Rainier ernsthafte finanzielle Probleme (Haus 2). Grace kämpft mit ihrem Orientierungsverlust, denn ihr fehlt die Filmwelt, in der sie so viel Erfolg hatte, sehr. Zudem spricht sie noch sehr schlecht französisch (Saturn: Herrscher des dritten Hauses!) Aber leider ist diese Krise, nachdem die Saturnrückkehr in Schütze zu Ende ist, noch nicht vorbei. Es wird noch Jahre dauern, bis Grace sich in ihrer neuen Lage als Landesmutter wirklich wohlfühlt.

Helmut Kohls zweite Saturnrückkehr

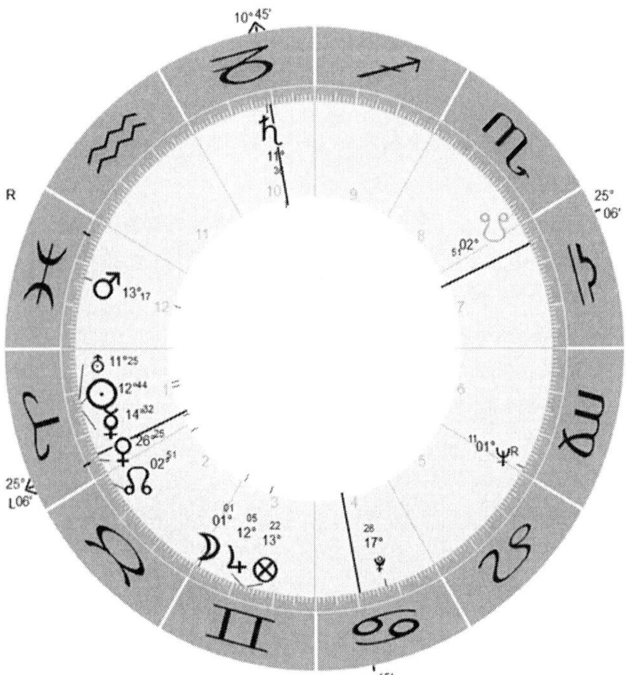

Abbildung 21: Helmut Kohl, 3.4.1930, 6.30 MEZ, Oggersheim, Aszendent: Widder (Rodden Rating: AA)

In Kohls Horoskop steht Saturn auf 11° Steinbock im 10 Haus direkt am MC: Arbeit in der Öffentlichkeit! Er will als Autorität anerkannt werden und das gelingt ihm auch. Wann findet Kohls zweite Saturnrückkehr statt? Saturn steht in Steinbock von November 1988 bis Februar 1991. Als am 9. November 1989 die Berliner Mauer fiel, stand Saturn auf 10° Steinbock, zusammen mit Neptun und zwar im gleichen Grad: Eine Grenze (Saturn) wurde aufgelöst (Neptun)!

Diese beiden Planeten stehen in einer engen Konjunktion mit Kohls Geburtssaturn auf 11° Steinbock! (Als die Berliner Mauer 1961 gebaut wurde, stand Saturn übrigens auch im Steinbock!)

Kohl wird immer der »Kanzler der Einheit« genannt. Nicht nur, weil die Einheit während seiner Amtszeit zustande kam, sondern auch, weil er als einer der ersten intuitiv die Möglichkeit der Einheit erkannt und angestrebt hatte. Diese Saturnrückkehr bedeutete den absoluten Höhepunkt in seiner 16-jährigen Kanzlerschaft!

Stundenastrologische Prognose

Die unendlich vielen Möglichkeiten der Astrologie

Die Vielfalt der astrologischen Methoden ist faszinierend. Aber es ist von Vorteil, zu wissen, welche Methode man für welche Zwecke anwendet.

Für die Entwicklung und Vertiefung der Selbstkenntnis ist die (eher psychologische) Geburtsastrologie unentbehrlich und diese bietet uns ebenfalls zahlreiche Prognosemethoden wie Transite, Solare, Sekundärprogressionen und noch vieles andere. Wer sich einen geeigneten Zeitpunkt für den Beginn eines Unternehmens wünscht, ist mit der (klassischen) Elektionstechnik gut beraten, und wer gerne eine konkrete Frage beantwortet haben möchte, dem ist mit der Stundenastrologie am besten geholfen.

Weil diese Methoden oft nicht sauber getrennt werden, kann es nicht selten zu Fehlern kommen. So versuchen nicht wenige Astrologen regelmäßig, Probleme mit dem Geburtshoroskop zu lösen, während die Stundenastrologie dafür viel geeigneter ist.

Achtung: Stundenastrologie ist klassische Astrologie! Benützen Sie die klassischen Regeln (Würden, Aspektbildung usw.).

Ich benütze in Stundenhoroskopen die Placidus-Häuser! Das Horoskop wird immer erstellt für jenen Ort, wo der Astrologe sich befindet!

Das Horoskop sollte die Frage widerspiegeln! (Siehe die beiden Beispiele.) Wenn dies nicht der Fall ist: Vorsicht! Vielleicht versteckt sich hinter der Frage noch eine andere Frage!

Fall 1

Eine wahre Geschichte: Eine Frau ließ sich von einer psychologischen Astrologin beraten. Während dieser Beratung fragte die Frau plötzlich: »Liebt der Mann, in den ich mich verliebt habe, mich auch?« Es stellte sich heraus, dass die Klientin im Grunde nur an der Beantwortung dieser Frage interessiert war! Weil sie die Geburtsdaten dieses Mannes kannte, begann die Astrologin, mit Synastrie zu arbeiten. Sie erstellte zudem Composit und Combin und musste nach vielen Stunden Arbeit zur Erkenntnis kommen, dass sie die Frage nicht klar beantworten konnte. Ganz abgesehen davon, dass die Einbeziehung des Geburtshoroskops dieses Mannes ohne dessen Genehmigung ethisch nicht in Ordnung war, wurde die Beratung für beide Frauen eine frustrierende Erfahrung. So kam diese Klientin zu mir und stellte mir dieselbe Frage, die ich ihr mithilfe der Stundenastrologie innerhalb einer Minute beantworten konnte.

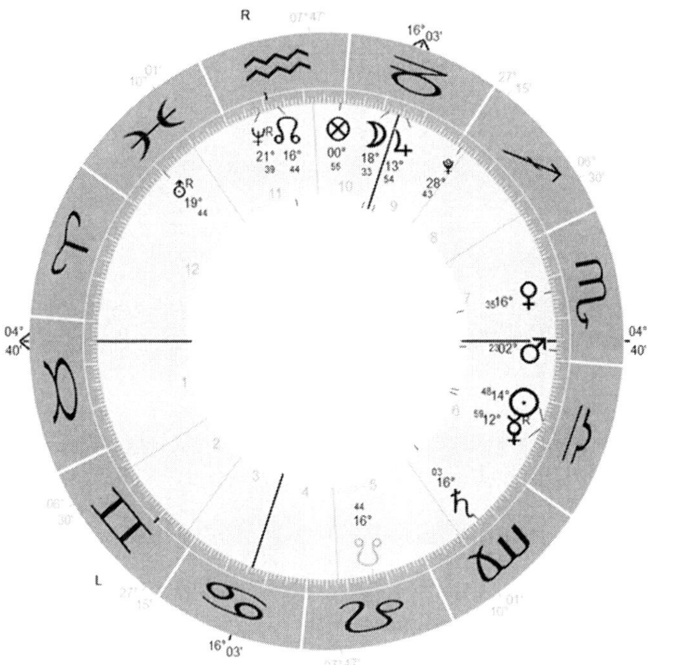

Abbildung 22: »Liebt mich dieser Mann? Wie wird sich die Lage mit ihm entwickeln?«, 7.10.2008, 18h16 MEZ, Neubiberg (48N04; 11E41), Aszendent. 4°40' Stier. Placidus

Ein sehr einfaches und deutliches Horoskop! Der Aszendent ist in Stier: Die fragende Frau ist deshalb die Aszendentherrscherin Venus (Herrscher 1). Der Deszendent ist in Skorpion: Der Mann, den sie liebt, ist der klassische (!) Herrscher von Skorpion = Mars (Herrscher 7). Venus steht in Skorpion im 7. Haus. Klar: Sie liebt den Mann! Mars (der Mann) steht im eigenen Zeichen Skorpion an der Spitze des eigenen Hauses ohne Aspekt zu Venus, denn die Konjunktion ist schon längst vorbei und kommt in Skorpion auch nicht wieder zurück. Fazit: Der Mann liebt vor allem sich selbst!

Schön in diesem Horoskop ist die Widerspiegelung der Frage: Herrscher 1 Venus und Herrscher 7 Mars im 7. Haus!

Auch der Mond, der oft die Gefühle der Klienten verrät, zeigt deutlich, dass die Frau diesen Mann liebt: Mond am MC in Steinbock, dem Zeichen, in dem Mars erhöht ist: Ein Planet betet oft jenen Planeten an, in dessen Erhöhung er steht!

Der Ausgang: Die Frau hat trotz meiner Antwort noch versucht, das Interesse des Mannes für sich zu gewinnen, aber vergebens.

Fall 2

Ein Mann hat sich in Italien für eine schöne Stelle in der Kunstwelt (Konservator in einem wichtigen Museum) beworben. Und weil es lange dauern kann, bis eine Antwort kommt, hat er einen Astrologen gebeten, aufgrund seines Geburtshoroskops seine Chancen zu untersuchen. Der Astrologe macht sich an die Arbeit, deutet sowohl das Geburtshoroskop als auch die aktuellen Transite, das Solar usw. und antwortet schließlich: »Ja, Sie bekommen diesen Job!«

Als der Bewerber nach einigen Wochen allerdings noch immer keine Nachricht bekommen hat, stellt er mir die gleiche Frage: »Werde ich den Job bekommen?« Ich erstelle ein Horoskop für den Augenblick, an dem mich diese Frage (telefonisch in Rom) erreicht und sehe sofort: Nein, er bekommt den Job nicht!

Ebenfalls ein ziemlich einfaches Horoskop! Die Widerspiegelung der Frage ist auch hier klar gegeben: Der Fragende ist der Herrscher des Aszendenten (Herrscher 1): Jupiter im 10. Haus (Arbeit!)

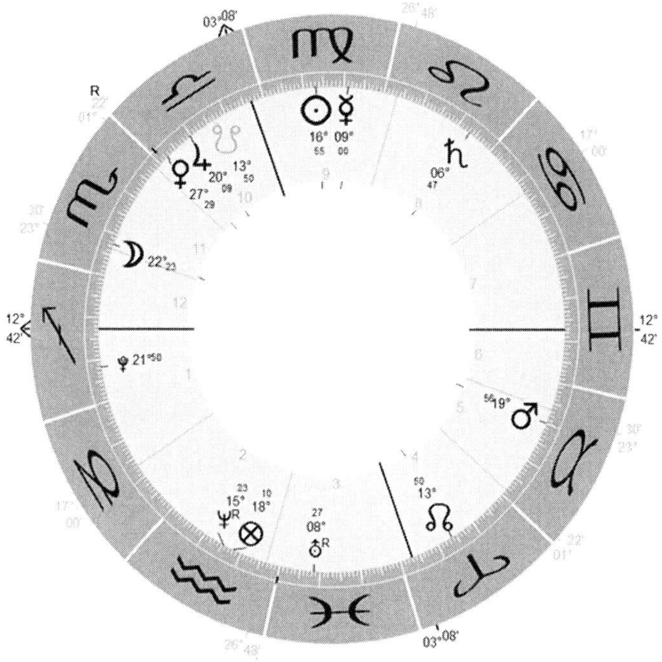

Abbildung 23: »Werde ich diesen Job bekommen?«, 9.9.2005, 14h07 MESZ, Rom (41N54; 12E29), Aszendent 12°42' Schütze. Placidus

Der Job ist der Herrscher des 10. Hauses: Venus, ebenfalls im 10. Haus.

Ich behandle dieses Horoskop hin und wieder in stundenastrologischen Anfängerseminaren und dort meinen die Schüler oft, dass der Mann den Job bekommen wird, weil Venus und Jupiter so schön zusammen im gleichen Zeichen stehen.

Aber … die Konjunktion mit Jupiter ist schon vorbei (separativ) und kommt im Zeichen Waage nicht mehr zurück: Mein Klient bekommt laut diesem Horoskop den Job nicht. Und so war es!

Übrigens zeigt das Horoskop auch, dass der Job tatsächlich attraktiv ist: Venus im eigenen Zeichen Waage!

Wenn eine Antwort für den Klienten eher negativ ausfällt,

versuche ich ihn so gut wie möglich zu »trösten«. In diesem Fall sagte ich ihm, dass er mit diesem Job vielleicht nicht einmal so viel verdienen würde! Das zeigt Mars, der Herrscher des 11. Hauses. Das 11. Haus ist das zweite ab 10 und zeigt, was man mit dem Job verdienen wird. Mars steht in Stier in seinem Exil und zudem an der Spitze des ungünstigen 6. Hauses!

Wie es ausging: Der Mann bekam den Job tatsächlich nicht und entdeckte überdies, dass er in diesem Job relativ wenig verdient hätte.

ENDE

Standardwerke der Astrologie

ERIK VAN SLOOTEN

Die Gunst der Stunde

Terminwahl mit Elektionsastrologie
82 Seiten, Paperback, 20 Abbildungen
ISBN 978-3-89997-262-4

Die Frage nach dem richtigen Termin z.B. für eine medizinische Operation, eine Eheschließung, den Antritt einer Reise oder die Gründung einer Firma werden immer wieder von Klienten gestellt. In diesem praktischen Buch beschreibt Erik van Slooten zunächst die Mondelektionen als einfache Methode für die astrologische Terminwahl. Anhand von ausgewählten Beispielen, zeigt er außerdem wie Sie bei Elektionen Schritt für Schritt vorgeht, um den richtigen Zeitpunkt für Ihr wichtige Unternehmungen zu finden.

.

»Dennoch ist Elektionsastrologie in der Tat Katastrophenschutz, denn wir sollten immer versuchen, das Schlimmste zu verhindern und gerade beim Beispiel Operations-Elektionen kann dies sehr sinnvoll sein. Das Buch ist durch seinen systematischen Aufbau und seine Anleitungen sowie durch die geschilderten Beispiele sowohl für Einsteiger als auch Fortgeschrittene in der Stundenastrologie geeignet,«

Meridian 2019/6

CHIRON VERLAG

Standardwerke der Astrologie

ERIK VAN SLOOTEN

Leitfaden der traditionellen Astrologie

Klassische Astrologie kurz und bündig
124 Seiten, Paperback, 37 Abbildungen
ISBN 978-3-89997-252-8

Was versteht man unter klassischer Astrologie? Welche Methoden werden verwendet? Wie deutet man nach den Regeln der Tradition? Was versteht der klassische Astrologe unter Prognose? Was steckt hinter der Stundenastrologie? Welche Rolle spielen Fixsterne? Auf diese Fragen und weitere geht der Autor ein präzise ein. So kann sich der Leser schnell ein genaues Bild von den besonderen Ansätzen und Denkweisen der traditionellen Astrologie machen.

»Wie schön, dass es diesen verdienstvollen Leitfaden gibt. Wer sich bisher aus ideologischen («wahrsagerische Astrologie») oder pragmatischen («klingt alles so kompliziert») Gründen nicht an die traditionell-klassischen Techniken herangetraut hat, findet in diesem Leitfaden der traditionellen Astrologie auf knappem Raum alles, was er braucht, um sich seine Vorurteile gründlich vermiesen zu lassen. (…) Und wer den klaren Überlegungen von Erik van Slooten folgt, stellt fest, dass die traditionelle Klassik weit weniger «kompliziert» ist – und alles andere als wahrsagerische Schwarzweißmalerei. So eine Darstellung war überfällig.«.

Astrologie Heute 191/2018

CHIRON VERLAG

Standardwerke der Astrologie

ERIK VAN SLOOTEN

Traditionelle Horoskopdeutung

Ein Lehrgang zum Selbststudium
207 Seiten, Hardcover, zahlr. Abbildungen
ISBN 978-3-89997-223-8

Erik van Slooten zeigt, was für ein ausgeklügeltes System die Astrologen der Antike kannten und mit welchen heute teilweise vergessenen Methoden ein Geburtshoroskop gedeutet werden kann. So kommen neben den klassischen Würden u.a. auch der Almuten, Lospunkte oder Fixsterne zur Sprache. Anschließend führt er eine traditionelle Horoskopanalyse Schritt für Schritt anhand von Beispielen vor. Traditionelle Prognosemethoden wie Firdaria, Aphesis oder Profektionen werden ebenfalls vorgestellt. Das Buch ist als Lehrgang zum Selbststudium aufgebaut. Am Ende eines jeden Kapitels werden zu den behandelten Themen Fragen gestellt. Im Anhang finden Sie die Antworten, so dass Sie Ihren Wissensstand selbst kontrollieren können.

»Wer neugierig und bereit ist, alte Pfade neu zu erkunden, der wird in diesem didaktisch klar strukturierten Lehrgang zum Selbststudium in Buchform den idealen Reiseführer finden, auf dem erhellenden Weg zurück in die Vergangenheit«.

Astrologie Heute 170/2104

CHIRON VERLAG